方洲新概念

小夫子卡卡访问世界名人

人类女性的楷模——居里夫人

主 编：方 洲
副主编：段其民

华语教学出版社

名人成功的十大原则

一 强烈的学习愿望是名人成功的核心因素

名人的学习愿望往往超过平常人，这种强烈的学习愿望让他们具备了百折不挠的精神，不达目的绝不放弃的信念。

聋盲人海伦·凯勒，为了学会说话，她每天用手指触摸安妮老师发音时喉咙的震动、嘴的动作和脸部的表情，与命运作起了抗争。

二 刻苦勤奋是名人成功的基石

古语说：勤能补拙。聪明人通过勤奋刻苦的努力能获得卓越的成就，平常人也可以因此改变自己的命运。

“科学巨人”牛顿一生中的绝大部分时间都是在实验室中度过的。凭借着刻苦勤奋的精神，他在物理学、数学、天文学等众多领域都取得了令人瞩目的成就。

三 远大的理想是名人不断进取的强劲动力

理想是人生长河中的灯塔，指引着人们前进的方向。绝大多数名人从小就立下远大的理想，这让他们能笑对挫折与失败。

抗金将领岳飞生活在南北混战的宋代，他看到国家战火不断，百姓颠沛流离，既担忧又气愤，决心打造出一支精锐军队来保家卫国。

四 精神专注是名人通向成功的捷径

名人一旦进入自己感兴趣的领域，往往能够集中精神，达到忘我的境界。他们对于工作以外的琐事通常是无暇顾及的。

科学家爱因斯坦在婚礼上也不忘和客人们讨论问题，结果浪漫的婚礼变成了学术讨论会，他对科学的痴迷真是到了疯狂的程度。

五 淡泊名利是名人获取成功的重要条件

名利是许多人一生追逐的首要目标，可是却打动不了名人的心。正因此，淡泊名利成为名人最具号召力的美德。

女科学家居里夫人一生获得各种奖金10次、各种奖章16枚。但是，在她看来，奖章仅仅是供女儿玩耍的玩具而已。

六 精力充沛是名人的重要天赋

名人好像总是有用不完的精力。他们总是在跟时间赛跑，一分一秒都不肯浪费，因为他们明白：时间有限，生命更是有限。

千古圣人孔子把“以礼治国”作为自己的政治理想，为了这一理想，他甚至在六十岁时还在四处奔波，到处游说诸侯。

七 意志坚强是名人挑战成功的重要武器

人生道路不可能一帆风顺。历代名人遭遇到的往往是常人无法忍受的困境乃至绝境，他们最终都能凭借坚强的意志战胜挫折。

就在诺贝尔的事业蒸蒸日上的时候，硝化甘油炸死了他亲爱的弟弟埃米尔。重压之下，诺贝尔更加坚定了驯服硝化甘油的信念。

八 正确的方向是名人开启成功大门的金钥匙

正确的方向可以让人清醒不至于落入迷途。名人们选择的事业往往是符合历史发展方向，并具有广阔前景与价值的。

“发明大王”爱迪生在很久以前就有这样一个想法——如何更好地利用电能。这也是他毕生事业的主要领域，他的那些实用的发明把电的用途发挥到了极致。

九 发挥自己的长处是名人轻松制胜的法宝

名人并不是每个方面都能胜于常人的。他们的刻苦努力如果运用在他们不擅长的领域，未必会取得很大的成就。扬长避短，这才是名人得以成功的关键所在。

微软总裁比尔·盖茨年轻时就在计算机方面显示了超越常人的智慧，为此他告别了哈佛大学，创建了微软。

十 挑战权威是名人脱颖而出的利器

忠实于科学事实，是名人们心中的追求。但他们很少满足于现成的事物，因为他们都具有非凡的想象力与创造力，这是他们能够超越前人，取得更大成就的原因之一。

《物种起源》出版之初，达尔文忍受了来自各方面的攻击和责难。但是他从来没有退缩，与攻击者进行了长达十年的论争。

图书在版编目（CIP）数据

人类女性的楷模——居里夫人/方洲主编. —北京：华语教学出版社，2010

（小夫子卡卡访问世界名人）

ISBN 978-7-80200-853-3

I. ①人… II. ①方… III. ①居里夫人，M.（1867～1934）－传记－青少年读物 IV. ①K835.656.13-49

中国版本图书馆CIP数据核字(2010)第087050号

人类女性的楷模——居里夫人

出 版 人 王君校
主　　编 方　洲
副 主 编 段其民　唐　敏
责任编辑 唐郭丽　刘　莹
封面设计 子奇设计顾问机构
排版制作 北京观止图书工作室
出　　版 华语教学出版社
社　　址 百万庄大街24号
邮政编码 100037
电　　话 （010）68995871
传　　真 （010）68326333
网　　址 www.sinolingua.com.cn
电子邮箱 fxb@sinolingua.com.cn
印　　刷 河北大厂回族自治县彩虹印刷有限公司
经　　销 全国新华书店
开　　本 32开（880×1230）
字　　数 215（千）8印张
版　　次 2010年7月第1版第1次印刷
标准书号 ISBN 978-7-80200-853-3
定　　价 13.80元

CONTENTS 目录

目录 CONTENTS

第六章 荣誉的获得

第七章 不幸和挑战

第八章 世界大战的来临

目录 CONTENTS

第九章 一克镭

第十章 步入辉煌

第十一章 使命终结

名人年谱

小记者卡卡有话说

嗨！大家好！我是校报的小记者卡卡。这次我们要访问的名人是居里夫人。在访问之前我们先一起来简单了解一下她吧！

小记者卡卡的资料库

10分钟了解居里夫人

名人简介

▲居里夫人

原名玛丽•斯可罗多夫斯卡（波兰文：Mabya Sklodowska），出生于波兰，是著名的物理学家和化学家。

居里夫人主要致力于放射性现象的研究。作为一名杰出的科学家，居里夫人有一般科学家所没有的社会影响力。由她发现的镭和钋是两种天然放射性元素，是对全人类的伟大贡献，对科学界的发展产生了重要的影响，由此，居里夫人被誉为“镭的母亲”。

生活背景

1867年11月7日，居里夫人出生于波兰华沙市一个中学教师的家庭，父亲给她起名字——玛丽。她的父亲是中学的物理教师，母亲是女子寄宿学校校长。她排行第五，上有三姐一兄。大姐1876年因患斑疹伤寒，母亲1878年因长期患肺病先后不治去世。这给玛丽幼小的心灵造成了很大的影响。

玛丽出生的时候，波兰正处于俄国沙皇亚历山大二世的统治下。俄国当局将残酷的民族压迫政策也伸进了波兰的学校。玛丽一方面承受着身为亡国奴的苦难，一方面积极地参加了波兰爱国青年定期秘密聚会的“流动大学”，一边听课，一边做科学实验，并担任了扫盲工作，为祖国力所能及地贡献出了自己的力量。

成就与贡献

★伟大的科学发现——镭的诞生★

1898 年 7 月，居里夫妇在沥青铀矿中发现了一种放射性新物质，以祖国波兰的名字称这个新元素为钋。

从此，居里夫妇密切合作、共同研究，实践了最早的放射化学工作方法。同年 12 月，他们又在沥青铀矿中发现了一种放射性更强的新物质，将其命名为镭。

▲实验室中的居里夫人

为了得到纯净的钋和镭，他们进行了艰苦的试验。他们在一个破棚子里日以继夜地工作，经过一次又一次的提炼，才从几吨沥青铀矿渣中得到十分之一克的镭。

居里夫人辛勤地开垦了一片处女地，最终完成了近代科学史上最重要的发现——放射性元素镭，并奠定了现代放射化学的基础，为人类做出了伟大的贡献。

由于居里夫妇对于镭的惊人发现，1903 年 12 月，他们和贝克勒尔一起获得了诺贝尔物理学奖。1911 年 1 月，居里夫人接受友人建议，竞选法兰西科学院院士。虽然受到许多正派的科学家、公正的社会人士热烈支持，可是却因院内顽固派及一些人的反对以一票之差落选。

同年 12 月，瑞典科学院诺贝尔奖金委员会宣布将本年度化学奖授予居里夫人，使其成为世界上唯一一位两度荣获诺贝尔奖的女科学家。

居里夫人是历史上第一个获得两项诺贝尔奖的人，而且是仅有的两个在不同的领域获得诺贝尔奖的人之一。同时是原子能时代的开创者之一。

居里夫人是一位对世界进程产生过重要影响的、伟大无私而又谦逊质朴的女性。在科学探索中，她坚毅刻苦、锲而不舍并取得了卓越功绩。

地位与影响

在世界科学史上，玛丽·居里是一个永远不朽的名字。爱因斯坦在《悼念玛丽·居里》的演讲中说：“我幸运地同居里夫人有 20 年崇高而真挚的友谊。我对她的人格的伟大愈来愈感到钦佩。她的坚强，她的意志的纯洁，她的律己之严，她的客观，她的公正不阿的判断——所有这一切都难得地集中在一个人身上。她在任何时候都意识到自己是社会的公仆，她极端谦虚，永远不给自满留下任何余地。”

▲爱因斯坦与居里夫人

动人事迹

★淡泊名利★

有一天，她的一位朋友来她家做客，看见她的小女儿正在玩一个类似于奖章的东西。走过去一看，原来是英国皇家学会刚刚颁发给居里夫人的金质奖章，于是惊讶地说：“居里夫人，得到一枚英国皇家学会的奖章是一项极高的荣誉，你怎么能给孩子玩呢？”

居里夫人笑了笑，说：“我是想让孩子从小就知道，荣誉就像玩具，只能玩玩而已，绝不能看得太重，否则就将一事无成。”

★简朴的生活★

1895年，玛丽和皮埃尔·居里结婚的时候，新房里只有两把椅子，正好两人各一把。

皮埃尔·居里觉得椅子太少了，建议多添几把，以免客人来了没地方坐，居里夫人却说：“有椅子是好的，可是，客人坐下来就不走啦。为了多一点时间搞研究，还是算了吧！”

他们的婚礼极为简朴，没有婚纱，没有金戒指，没有“喜宴”，没有宗教仪式……也没有公证人，除了前一天用一个表亲寄来的礼金买的两辆崭新的自行车外，几乎一无所有。那一年夏天，他们就骑着那两辆自行车在乡间漫游。

★与命运抗争★

1903年6月，36岁的居里夫人顺利地通过了博士论文答辩，获得了理学博士学位，成为索尔本大学第一位女博士。同年12月，居里夫妇凭借做出的杰出贡献，双双获得诺贝尔物理学奖。

▲居里夫妇

居里夫人的命运并非从此一帆风顺。1906年4月19日，47岁的皮埃尔被运货马车辗压致死。居里夫人从悲痛中迅速调整状态，独自挑起了家庭、事业的双重重任。她谢绝领取国家抚恤金，走上索尔本大学讲台，接替了丈夫的工作——讲授物理学课程。

漫画展示厅

强烈的学习愿望是名人成功的核心因素

玛丽在很小的时候，就显出了对学习的兴趣。

玛丽跟着姐姐一起学习。

由于是刚开始学习，玛丽难免会出错。

玛丽虚心接受姐姐的批评，对自己的错误积极改正。

玛丽非常喜欢来爸爸的书房。

爸爸发现玛丽偷偷地来到了书房，便赶了过来。

显微镜引起了玛丽的兴趣。

玛丽知道了显微镜的原理，对科学产生了兴趣。

玛丽经常会拿别人用来玩耍的时间，用来读书。

玛丽读书的时候很专注。

玛丽对眼前发生的事情很惊讶。

玛丽和姐姐们回家了。

老师是一位具有爱国精神的人，经常会运用波兰语给孩子们讲述波兰的历史和文化。

玛丽听课的时候，非常专注。

玛丽是班上成绩最优秀的学生，老师经常提问她。

玛丽能够提出自己的观点。

小记者卡卡有话说

同学们，你们的童年一定非常幸福、快乐吧！居里夫人的童年却是充满了艰辛与坎坷的，然而，她却在那样的环境下，奋发学习，努力向上。让我们一起来看看居里夫人在童年的时候是如何在逆境中成长的吧！

第一章　苦难的童年

第一节　天赋凸显

▲波兰首都华沙

华沙是波兰首都，1867年11月7日，从这座城市的一户人家传出了一阵婴儿的啼哭声。物理教师乌拉狄斯拉夫·斯可罗多夫斯卡的第四个女儿出生了！斯可罗多夫斯卡看着这个可人的孩子一阵欢喜，为这个孩子取了个名字，叫做“玛丽”。

斯可罗多夫斯卡出身于一个农村贵族地主家庭，在当时小有名气。他的学问很高，不但懂得文学特别是诗歌，而且还会说八种不同的语言。在玛丽出生前不久，他刚刚被任命为诺佛立普基路男子中学的物理教师兼副督学。

玛丽的母亲叫布洛尼斯洛娃，是一个小地主家的掌上明珠，在华沙的一所寄宿制女子学校上中学，毕业之后，便留在了学校做一名老师。由于她工作出色，待人诚恳，没用多长时间便担任了这所学校的校长。

在这个家庭中，玛丽一共有三个姐姐、一个哥哥。大姐叫素希雅，二姐叫布罗妮雅，三姐的名字叫海拉；哥哥的名字是约瑟夫，约瑟夫比二姐大，在家里排第二。不过，这几个孩子年纪都差不了几岁，大姐素希雅也只比玛丽大五岁。

担任副督学，不但薪资得到了提升，学校还为斯可罗多夫斯卡提供了新房子。不久后的一天，斯可罗多夫斯卡便带着一家人，搬到了这所新房子里。

由于平时忙于工作，斯可罗多夫斯卡先生没有太多的闲暇时间。可是每到星期日，他们家里就会变得非常热闹。这一天，孩子们会将自己的建筑玩具拿出来，在家里玩打仗的游戏。

1871 年的夏天，斯可罗多夫斯卡夫妇带领五个儿女回到乡下度假。这里既没有偷听人们说话的警察，孩子们又可以大胆地说波兰话、唱波兰歌。

乡村、夏天、假期，孩子们简直是到了“自由王国”，每天都在无忧无虑地玩耍，这里不但有高大温驯的马可以骑，还有漂亮奶牛提供的鲜奶可以喝，最主要的是这里有他们合得来的表兄弟们。

卡卡的作文素材

居里夫人幼年的生活是快乐的，父母的管教并不严厉。

斯可罗多夫斯卡夫妇都是教育工作者，懂得让孩子接触大自然的重要性，因此，他们鼓励孩子们多到自然环境中去。当然，他们也不忘每天教年纪大一点儿的孩子认字、读文章，培养孩子们对学习的兴趣。

有一天，姐姐布罗妮雅对每天认字母、背单词的学习感到了厌倦，于是，就找来还没有开始学习识字的小妹玛丽，玩起了“教师游戏”。两个小女孩在一起把用纸板剪出的字母排列成单词，姐姐布罗妮雅总是摆出一副“老师”的架子，教玛丽排列。

每当玛丽排错了的时候，姐姐就会一本正经地说：“你怎么又弄错了呀？这个字母应该放在这里……”每次听了姐姐的批评，玛丽都会虚心接受，然后积极改正。不知不觉中，玛丽认识的字越来越多了。

不久后的一个早晨，斯可罗多夫斯卡夫妇和兄妹几个一起坐在花园里学习。为了考察孩子们的学习情况，妈妈建议让布罗妮雅念一段文章。虽然这段文字很简单、而且不太长，布罗妮雅还是念得结结巴巴的。这时候，玛丽从姐姐的手中拿过书，流利地读起了书上的每一句话。

周围一下子静了下来。玛丽感到非常得意，便兴致勃勃地一直读了下去，她知道父母一定会表扬自己的！可是过了一会儿，当玛丽读完这段文字，抬起头来的时候，却看到父母和姐姐脸上露出的惊讶的表情，她顿时感到惊慌，急忙将手中的书扔到地上。

玛丽以为自己犯了什么错，很害怕，不由得哭了起来，还不停地为自己辩解：“我不是故意的……请你们原谅我……原谅我……这不是我的错……也不是布罗妮雅的错……只是这些太容易了……”

卡卡的作文素材

居里夫人的学习能力从小就有所显露。

其实，玛丽误会了！父母和姐姐的突然沉默，并不是对她的行为感到生气，他们只是惊讶：没有人教过玛丽读书啊！她怎么认识这么多的生词，而且还读得这么好？

后来，他们才得知，是姐妹之间的“当老师”游戏，让玛丽认识了文字。凭着职业的敏感，斯可罗多夫斯卡夫妇发现玛丽具有超强的学习能力。

玛丽的父母都是理性的教育者，他们一致认为：让孩子过早地把精力投入到读书之中，只会使孩子智力发育过早，不但会破坏掉孩子的好奇心，而且还会让他们对学习失去兴趣，最后效果往往会适得其反。

为了玛丽的健康成长，他们不但没有催促玛丽去读书，反而让她尽量远离书本。因此，每当玛丽试图找到一两本姐姐们读的书来读的时候，妈妈都会叫她放下书本：“玛丽，你还是去玩积木吧！”“玛丽,你的布娃娃到哪里去了？”“唱个歌给妈妈听好吗？”

这个时候，玛丽都会听父母的话，积极地加入到玩耍的行列中。

小记者卡卡的访问感言

只有热爱才是最好的教师！如果想让自己对学习更感兴趣，就必须激发出学习的兴趣。

卡卡的小问题

1. 玛丽的父亲、母亲都是做什么的？她在家里排行第几？

2. 玛丽如何识字的？

第二节 私立寄宿学校的黑暗统治

六岁的时候，玛丽进入了一所私立寄宿学校。从表面上看，玛丽可以读她喜欢的书了，但实际上，玛丽却学不到任何祖国的文字，因为在当时的学校，只能教授俄国殖民者规定的那些教材。

在班上，玛丽虽然比其他同学小两岁，可她一上学就表现出了惊人的记忆力和智力，她所有学科的成绩在班里都是第一名，受到了老师的喜爱。

卡卡的作文素材

居里夫人的学习成绩从小就是第一名。

在班上，对玛丽最为关心的是她的数学和历史老师兼学监安多尼娜·杜芭斯卡小姐，人们喜欢称呼她为“杜普希雅”。

杜芭斯卡小姐看起来有些古怪，她总是穿着一身黑衣服，还常常板着脸，似乎对世界上的一切都不满意。可是，每次看到玛丽的时候，她的眼神里总是含着深切的关爱。

杜芭斯卡小姐虽然表面上很冷漠，其实是一位充满爱国激情的知识女性，只不过，亡国奴的身份使她不得不把这种火一样的热情隐藏在冰冷的外表之下。

一上历史课，杜芭斯卡小姐就会变得神采奕奕。每次讲到关于波兰的历史，杜芭斯卡小姐都会用低沉而有力的声音给同学们讲述，她告诉同学们：“波兰的历史是从波莱斯拉夫建立皮阿斯特王朝开始的。在 14 世纪中叶，波兰国王瓦迪斯瓦夫一世重新统一了波兰；1596 年，华沙成为了波兰共和国的首都。但是现在，我们的祖国正在遭受不幸，处在俄国的统治之下。我们不能忘记自己的家园和祖先留下的遗产，我们的国家不能成为俄国的领地……”

她经常会运用波兰语给孩子们讲述波兰的历史和文化，每到这个时候，教室里便会出现一种神圣、崇高的气氛，孩子们都变得十分激动。因为政府禁止学校使用波兰语，所以无论是讲课的老师还是听课的学生都要有足够的勇气，努力争取这种能用本国语言说话的时刻。

一天，这位女教师正在带领孩子们复习最近学过的历史课，杜芭斯卡老师说：“玛丽请站起来，复述一下前几次课的要点。”

听到老师的提问，玛丽立刻站了起来。当说到第一次允许外国人分割波兰的国王斯坦斯拉夫时，玛丽用激烈的语气指责说：“他是一个缺乏勇气的人，这是波兰的不幸……”

卡卡的作文素材

强烈的爱国之情和民族责任感让玛丽具有超出同龄人的真知灼见。

突然，走廊里响起了刺耳的铃声，两声长的，两声短的。这是信号！督学官霍恩堡要来检查课堂教学了！

教室里的气氛一下子紧张起来，“训练有素”的同学们迅速收起课桌上的波兰文课本和笔记，堆放在事先安排好的五个学生的围裙里，由她们抱着从通向宿舍的门走出去。很快，这五个学生便气喘吁吁地跑回来，坐到自己的位置上。

接着，一阵重重的皮鞋声响起，通往前厅的门开了，督学官霍恩堡那油光光的红脸出现在孩子们的面前。

这时候，25 个小女孩都在低头做针线活。她们手指上戴着顶针，在毛边的四方布上用心地锁着扣眼。剪子和线轴散乱地放在课桌上，教师的桌上放着一本打开的俄文书。

霍恩堡用他那狡猾而冷酷的目光审视着每一个学生的脸。

“督学官先生，这个年级每周有两小时缝纫课。”紧跟着霍恩堡进入教室的西科尔斯卡校长用流利的俄语说。

霍恩堡没有回答，他向杜芭斯卡小姐走了过去：“小姐，你刚才好像在领着孩子们高声朗读，读的是什么？能告诉我吗？”

杜芭斯卡小姐拿起课本，说：“克雷洛夫的寓言故事《乌鸦和狐狸》。”

霍恩堡说：“是吗？虽然我们的政府不喜欢这个作家，不过，毕竟他是俄国人，要多学习。”

霍恩堡像寻找猎物的狼一样，在一把椅子上坐下，环视着周围的一切：“请叫起一名学生，我有话想问一问。”

玛丽这时候坐在第三排，一阵心惊肉跳。她本能地把脸转向窗户，心里暗暗祈祷：“我的上帝，不要叫我，拜托……”

但是，她知道老师一定会叫她的，因为她的学习成绩最好，而且能讲一口流利的俄语。

果不其然，老师还是点了她的名字。听见老师叫出了她的名字，玛丽站了起来，瞪着圆圆的眼睛死死地盯着督学官，一种难以言表的耻辱感卡住了她的喉咙。

“背诵祈祷文。”霍恩堡说。

玛丽用毫无情感的声音，准确无误地背出了天主教祈祷文。沙皇发明的最巧妙的侮辱波兰人的方法之一，就是强迫波兰小孩每天用俄语背诵天主教祈祷文。

“由叶卡特琳娜二世起，统治我们神圣俄罗斯的皇帝是哪几位？”督学官霍恩堡的提问总是带着挑衅的意味，他在提问时特意把“我们”两个字的语气说得特别重。

“叶卡特琳娜二世、保罗一世、亚历山大一世、尼古拉一世、亚历山大二世……”

确实，玛丽的记忆力极好，俄语发音也非常标准，简直和生活在莫斯科的俄国孩子没有区别。

“说说皇族的名字和尊号。”“女皇陛下茨珂来维奇、亚历山大太子殿下、大公殿下……”玛丽按次序说完了那一长串名字。督学官满意地笑了，而玛丽的脸色却变得惨白，她竭力在克制内心的反感。

卡卡的作文素材

玛丽有着强烈的爱国之情和自尊心，这也是她刻苦学习的动力之一。

“沙皇在爵位品级中的尊号是什么？”“陛下。”“谁统治我们？”“亚历山大二世陛下。”“那么，我的尊号是什么？”“督学官大人阁下。”回答到这里，玛丽的脸开始发青，和她同班的姐姐海拉为她担心得直冒冷汗。

▲亚历山大二世

好在考问很快便结束了。督学官略一点头，向隔壁屋子走去。杜芭斯卡小姐抬起头，看着玛丽，说:“玛丽，我的孩子，到这里来……”

玛丽离开座位走到老师面前，老师什么也没说，把她紧紧搂在怀里，只是一个劲地吻着她的额头。玛丽再也压抑不住自己的痛苦，趴在老师怀里哭了起来。

对于玛丽来说，这样的生活实在难以忍受。可是，在这个被侵占的国家里，谁都难以摆脱这段屈辱的岁月。

小记者卡卡的访问感言

强烈的民族自尊心和责任感是玛丽刻苦读书的动力之一。正是这些好品质，让她取得了惊人的学习成绩。

卡卡的小问题

1. 玛丽是如何评价波兰国王斯坦斯拉夫的?

2. 玛丽为什么感到屈辱?

第三节 家庭的不幸遭遇

对每一个人来说，少年时期都是无忧无虑，充满快乐的时光。但是，少年玛丽却不是这样，因为俄国人一直倾尽全力对波兰教育进行高压控制。就在玛丽不得不承受着身为亡国奴的苦难时，父亲斯可罗多夫斯卡也遇到了同样的问题。

一次，一名学生因为写错了俄语语法，受到了校长伊凡诺夫的处罚。

斯可罗多夫斯卡知道了这件事情之后，很为他的学生抱不平。便找到校长，说：“伊凡诺夫先生，要是这个孩子写错了这句话，那一定是出于疏忽。您写俄文的时候，也会写错！不过，我相信这个孩子和您一样，绝不是故意的。”

伊凡诺夫校长没有接受他的解释。这件事情之后，两人之间的关系迅速恶化了。

回到家后，斯可罗多夫斯卡经常会和夫人谈论学校里发生的事情。这时，玛丽也会坐在父母身边。可是，每当她听到“伊凡诺夫……沙皇……放逐……西伯利亚……”这些几乎每天都能听到的、让她无比厌恶的词时，她就会连忙站起来，溜进父亲的书房。

书房是斯可罗多夫斯卡先生家中最漂亮、最整洁的房间。玛丽常常会昂着头在里面走来走去，有时候还会呆呆地站在她特别喜欢的东西前，出神地看着。

卡卡的作文素材

书房是知识的象征！玛丽对于知识非常渴望，也非常痴迷。

房里有桃木做的法国式大写字台，有覆盖着红色天鹅绒的安乐椅，这些家具都清洁光亮。

屋子尽头的墙上，有一张主教画像镶在结实的金色相框里；窗台上有座翠绿孔雀石座钟，中间鼓起并且能发出亮光；旁边的架子上放着装饰有法国国王路易十八头像的蓝色塞夫勒瓷杯，并刻有“不许碰”的字样；另一面墙上挂着气压计，镀金针在白色的标度盘上闪着亮光；屋子的角落里是一个装有玻璃门的书橱，透过玻璃可以看到架子上摆着的小天平、玻璃管、矿物标本，甚至还有一个金箔验电器……

玛丽常和姐姐们一起聚在这里做功课。玛丽知道，这些都是爸爸最心爱的东西。以前斯可罗多夫斯卡常把这些东西带到课堂上去，但自从政府命令减少自然科学科目的教学时间后，这个玻璃门就再也没被打开过。

这些器械对玛丽来说有些神秘，她记得父亲曾经告诉过她这些东西的名字——“物理仪器”。“物理仪器”？这个名字听起来很古怪，不过，玛丽一直没有忘记这个名字，这也许是因为她那超人的记忆力，也许是因为小孩子固有的好奇心，也许……

卡卡的作文素材

成就来源于兴趣！玛丽对未知的知识拥有一种积极探索的兴趣。

得罪了校长伊凡诺夫，这对斯可罗多夫斯卡来说显然是一件坏事。

1873 年秋的一天，斯可罗多斯卡带着全家度假后回到了诺佛立普基路，准备开课。当他带着自己的公文包走进办公室的时候，在自己的桌子上看到一封公文。这封公文通知他：奉当局命令，你的薪俸减低，你的副督学头衔以及按职务分配的住房，一并撤销。斯可罗多斯卡知道，自己被降职了。

面对这样的结局，斯可罗多夫斯卡什么话都没说，其实他心里非常清楚，这是中学校长伊凡诺夫，对一个不怎么肯奴颜卑膝的属员施行的报复。只不过没想到事情来得这么快！

正直的斯可罗多斯卡没有向校长妥协，而是带着家人离开了那曾经带给他无数欢笑的家。几度迁居后，斯可罗多夫斯卡一家在诺佛立普基路和加美利特路转角处的一所租金比较便宜的房子里住了下来。

这时，玛丽母亲的病情不断加重，甚至还出现了大量吐血的症状。父亲只得把她送往疗养院，那里空气新鲜，她可以在那里调养。

大姐素希雅陪妈妈去疗养院的那天早晨，姐姐们唉声叹气，忧心忡忡。这次，玛丽没有任性，而是一声不吭地留在家里看家。

临别的时候，玛丽跑上去想要和妈妈亲吻一下，可是妈妈却流着泪用手挡开了她。玛丽知道，妈妈是怕把自己的病传染给她。

或许此时，厄运应该远离这个灾难深重的家庭了，可是，事实上并没有。接下来发生的一件事情，更让这个家庭陷入到了穷困的深渊。

卡卡的作文素材

玛丽从童年时代就面对家庭的不幸，这造就了她的坚强个性。

这时候，一个倒运的兄弟找到了斯可罗多夫斯卡，拉他作冒险的投机，投资于一种“神奇的”蒸汽磨。

斯可罗多夫斯卡素来谨慎，可是经不住这位兄弟的软磨硬泡，拿出了家里的全部积蓄。很快消息传来，生意失败！3万卢布丧失！

从那以后，斯可罗多夫斯卡便陷入了悲苦的懊悔情绪中。他很内疚，很自责。

因为家境困难，他们的生活逐渐有了改变。为了补贴家用，斯可罗多夫斯卡做起了家庭教师。开始的时候，他只收了两三个寄宿学生，后来，便逐渐增加到了五个、八个、十个。

家里一下子来了这么多人，妈妈不在家的寂寞感暂时消失了，可是，接下来，他们的房子就变成了一个吵闹的磨坊，家庭生活的亲密感不存在了。

从前，全家人会常常聚在一起，听父亲朗读被查禁的波兰文学作品，大家还会亲密地交谈。但是现在，这样愉快的夜晚也离大家远去了。

小记者卡卡的访问感言

人生是所学校，不幸是最好的老师。很多时候，一个人的力量是在艰难的环境中练就的。

卡卡的小问题

1. 玛丽家先后经历了哪些不幸？

2. 玛丽家的生活由此发生了哪些变化？

第四节 两次直面死亡

母亲休养归来后，家里又遭遇了一个更大的不幸。

一个大雪纷飞的夜晚，一名寄宿生突然出现了严重腹泻和高烧。为了不耽误父亲第二天的上课，玛丽姐妹担当起了照顾这个学生的任务。

姐姐素希雅和布罗妮雅一直都在病人的身边进行护理，片刻都没有休息。也多亏了这些姐妹，否则这名学生就不能好得这么快了。

第二天早上，这名学生的烧就退了。姐姐从外面请来了医生，医生对其进行诊断，确诊为急性伤寒。

看到自己的学生很快痊愈了，父亲自然非常高兴。可是，就在第二天，不幸却发生了。

由于没有得到及时的保护，再加上成夜的劳累，姐姐素希雅和布罗妮雅都被传染上了这种病。

在玛丽的记忆中，接下来的几个星期里，家里的情形是非常可怕的。为了保护其他人，爸爸将两个发高烧的女孩单独放在了一个房间，而且还规定：除了医生之外，任何人都不得出入这个房间。

玛丽很想去看看她们，可是……她只好偷偷地站在门外偷听。好几次，她都听到两个姐姐因高烧而发出的呻吟声、颤抖声。

为了缓解自己的难过程度，

卡卡的作文素材

玛丽从小就体会到疾病给人类带来的痛苦，强烈的同情心为她立志救人埋下了种子。

玛丽在每次看过姐姐之后，都要拿起一本图书慢慢阅读，让自己沉浸于读书之中。事实表明：正是这些书给了玛丽无穷的力量，让她这么年幼的孩子找到了感情的寄托。

一个星期三的早晨，天刚蒙蒙亮，约瑟夫、海拉和玛丽便被父亲叫了起来。他们发现一夜之间，父亲突然变了样：他的脸颊凹陷进去，眼神中显示出无限的悲痛。

父亲带领他们来到大姐的房间。

穿着白色衣服的素希雅正静静地躺在棺材里，她的脸上毫无血色，却似乎在微笑；头发已经被人们剪短了，样子仍然非常漂亮。

玛丽紧紧地盯着姐姐，这是她第一次直面死亡。

举行葬礼的那天，玛丽穿着一身黑色的小斗篷，步履沉重地走在送葬队伍的最后面。她脸色苍白，眼神里有无限的悲哀。也就在这个时候，玛丽为自己确立了一个奋斗目标——努力学习，帮助像姐姐一样的人。

卡卡的作文素材

玛丽化悲痛为力量，为自己确立了目标，这为她后来做出的成绩提供了方向。

布罗妮雅则在病床上哭泣。身体虚弱的母亲在公寓前的走廊里慢慢地走来走去，因为身体的原因，她不能外出，只能站在窗户边上，默默地为自己 14 岁的大女儿送行。

白发人送黑发人的经历，无疑是雪上加霜，曾经美丽的母亲，现在几乎只剩下一个影子了。

为了帮助照顾母亲，善良的卢希雅姑母来到了这个家。一进门，她就以各种借口让孩子们出去呼吸新鲜空气。他们的母亲患着可怕的肺结核，假如传染给这些可怜的孩子该怎么办呢！海拉的气色还好，最让人担心的是没有精神的玛丽。

为了获得片刻的宁静，玛丽都是将自己一个人关在爸爸的书房里。姑妈看到玛丽的脸色不好看，很是担心，便经常督促她也跟着一起出去。

这时候的玛丽已经懂得了姑妈的心思，知道这是为自己好，每次都会主动和姐妹们一起外出。只不过，每次外出的时候，她会在自己的衣服里藏一本书；当其他人在野地里玩耍的时候，她则会选一个无人打搅的地方仔细读书。

玛丽和这些人约好，请他们不要来打扰她，回家的时候再叫她。可是有好几次，大家准备回家的时候，却发现玛丽还在读书。

一次，姐妹们打算逗逗她，便悄悄地来到了玛丽身后。可是，这时候，玛丽读得太专注了，竟没有感受到周围的响动。直到一小节的内容读完了，她才抬起头来。

卡卡的作文素材

玛丽读书很专注，不会受到身边环境的影响。

看到包围在她四周的姐妹们，玛丽很惊讶，以为发生了什么事。后来才知道，是虚惊一场！

母亲似乎已经预感到即将辞别人世，她希望在离开前自己能做好准备，不致因此搅乱一家人的生活。

1878 年 5 月 9 日，在她的请求之下，医生离开了她，为她请来了一位牧师。也许，只有牧师能够理解这个基督徒最后的痛苦，知道她想到留下四个孩子要丈夫照管时的伤感，想到自己离世后几个孩子的前途时的担心。

在家人面前，母亲始终面色平和。临终时，她的样子很优雅。她的丈夫和儿女们环绕着她整洁的病榻。她那美丽的灰色眼睛逐一注视着那五张灰暗的脸，好像是由于自己引起他们如此痛苦，而在请求他们原谅。

母亲吃力地举起颤抖的手，画了一个十字，给他们全体以祝福。她留给大家的最后一句话是："我爱你们。"

这样，玛丽第二次穿上了黑色丧服。

失去母亲的日子是万分悲痛的，父亲虽然把全部空闲的时间都用在孩子们身上，但他笨手笨脚的照料，显然不能抚平孩子们心灵上的伤痕。

小记者卡卡的访问感言

一个专心于学习的人，才能得到真正的自由。只有树立起认真、仔细的学习态度，专注于学习，才能养成主动学习的好习惯，从而取得成功。

卡卡的小问题

1. 玛丽失去的第一个亲人是谁？

2. 玛丽失去的第二个亲人是谁？

【名人名言】

弱者坐待时机；强者制造时机。

——居里夫人

如果能随理想而生活，本着正直自由的精神，勇敢直前的毅力，诚实不自欺的思想而行，一定能臻于至美至善的境地。

——居里夫人

读一切好书，就是和许多高尚的人谈话。

——笛卡尔

书籍是人类的编年史，它将整个人类积累的无数丰富的经验，世世代代传下去。

——坎耶里

书籍是屹立在时间的汪洋大海中的灯塔。

——惠普尔

书籍是培育我们的良师，无需鞭笞和棍打，不用言语和训斥，不收学费，也不拘形式。

——德伯里

书籍是人类进步的阶梯。

——高尔基

理想的书籍是智慧的钥匙。

——托尔斯泰

书籍使我变成了一个幸福的人，使我的生活变成轻松而舒适的诗。

——高尔基

优秀的书籍是抚育杰出人才的珍贵乳汁，它作为人类财富保存下来，并为人类生活的进一步发展服务。

——弥尔顿

书籍是生活的加速器。

——尼克拉耶娃

读书破万卷，下笔如有神。

——杜甫

读书有三到，谓心到，眼到，口到。

——朱熹

立身以立学为先，立学以读书为本。

——欧阳修

读万卷书，行万里路。

——刘彝

书犹药也，善读之可以医愚。

——刘向

发奋识遍天下字，立志读尽人间书。

——苏轼

小记者卡卡有话说

同学们，你们知道居里夫人在去巴黎读书以前，都经历了哪些磨难吗？她是抱着怎样的信念度过重重困境的？相信读完这章，你们会有所感悟！

第二章　家庭女教师

第一节　加入“流动大学”

在经历了重重磨难之后，玛丽终于迎来了毕业的一刻。1883 年 6 月 12 日，玛丽参加了学校举办的中学毕业典礼。“现在由教育院长向本年度毕业生中最优秀者授予金质奖章——玛丽·斯可罗多夫斯卡！”

在嘹亮的军乐和雷鸣般的掌声中，玛丽把头发向后拢了拢，沉着地走上领奖台，宽阔的额头闪耀着美丽的光泽。

父亲也参加了玛丽的颁奖仪式，他抑制不住内心的喜悦，一双湿润的眼睛深情地注视着台上的小女儿。此时，玛丽像平时一样，穿着那套紧身的黑色礼服，胸前别一束茶红色的蔷薇，看上去像个大人一样。

斯可罗多夫斯卡高兴极了：“我们家获得过金质奖章的已经有三个人了——约瑟夫、布罗妮雅和玛丽，连家中最小的孩子也有了金质奖章。”

卡卡的作文素材

玛丽的学习成绩一直是最好的。

可是接下来，他便开始为女儿的前途发愁了。让玛丽做什么好呢？她还没有满十六岁，而且身体十分单薄，现在就去工作，显然还早了一点儿。让玛丽继续深造，家里又拿不出这笔钱。斯可罗多夫斯卡最后决定，在玛丽选择职业之前，先让她到乡间的亲戚家里去住一年。

斯可罗多夫斯卡给亲戚写了一封信，很快，对方回信了，信中说：一切已安排妥当，只等你们的到来！

于是，玛丽离开华沙，被送到波兰南部克拉科夫的乡下。

玛丽在那里度过了一段愉快的时光。一年之后，玛丽回到华沙。这时候，父亲年龄大了，已经日渐衰老，他虽然依然在学校里教课，但家里已经不再招收寄宿生了，家里也因此显得安静了许多。

为了补贴家用，几个孩子都开始想办法教书赚钱。玛丽也决心到职业介绍所去找一份家庭教师的工作。随后，她便贴出这样一则广告：“有文凭的青年女士讲授代数、几何、法语，授课费低廉。”

很快，就有几位家长跟玛丽取得了联系。

但这是一种费力不讨好的工作。不久之后，十六岁半的玛丽就感受到了家庭教师的辛苦和委屈。

为了节省一点车钱，她经常要在雨天和冷天穿过市区，走很远的路。不仅如此，这些请得起家教的学生往往既任性又傲慢，有些家长甚至还会经常让她在有穿堂风的门厅等很久。

卡卡的作文素材

居里夫人青年时代就开始自食其力，忍受了很多屈辱。

一天早上，玛丽来给一名学生上课，她在客厅里等了很久，却迟迟没有见这名学生出来。等到中午快吃饭的时候，这个孩子才从外面急急忙忙地跑回来。

原来，他今天和妈妈出去玩了，一时竟忘了家教这回事。到了中午的时候，才想起来。

听到这样的理由，玛丽很生气！自己白白在这里等了半天！可是，这名学生却说：“没事的，上午的半天也算在课时里面。”

玛丽本来有点生气，可是，看到对方说的还算合理，也就没有太计较。可是，一个月之后，玛丽真是生气了。

因为，这家人并没有真正要付工资的意思。本来说好工资是一个月一结的，可是，一个半月过去了，玛丽一分钱都没得到。更别说当初许诺的那一上午的课时费了。

然而，玛丽却没有因此而感到过分的痛苦。因为在这个时期，玛丽除了从事私人授课的工作之外，还过着一种激动人心的秘密生活。

卡卡的作文素材

理想是黑暗中的星光。崇高的理想，让玛丽忘记了疲劳。

这种秘密生活给了玛丽无穷的力量，让她兴奋无比。虽然每天上课比较累，可是，对于这种生活，自从开始的那一天起，她从来都没有停止过。

由于长期的民族压迫，当时的一些波兰青年在安排人生计划的时候，往往都会将为祖国服务的愿望放在第一位。

这些青年人认为：艺术对救国的帮助不大。侵略者的目的是使波兰人变得愚昧，作为年轻的一代，就必须大力发展文化教育，来反抗沙俄的压迫。为了组织青年学生学习知识，他们便创办了一所秘密学校——流动大学。

那时候，玛丽结交了一些热心的“实证论者”，这些人给了玛丽很大的影响。后来，玛丽就和两个姐姐一起参加了“流动大学”。

这个组织有定期的聚会，在聚会中，一些和蔼的教师会为他们组内的成员秘密讲授解剖学、社会学等学科知识。

大家聚在一起的时候，除了讨论学到的东西，还会互相传阅一些科技小册子和论文。这样，不仅让他们增加了知识，还培养了他们对祖国的信心。

卡卡的作文素材

理想指引人们前进的方向。玛丽树立了发展文化教育的信念，担负起传播知识的重任。

流动大学的任务，除了对青年进行教育，还担负着传播知识的责任。玛丽就承担了为一家缝纫厂女工读书的工作。

每天只要忙完自己的家教工作，玛丽就会来到这个缝纫厂。厂子里的女工基本上都是文盲，极少有人能够将一篇大段的文章流利地读下来的。玛丽的到来给这家工厂带来了一定的生气。这些女工不仅学到了文化知识，而且，工作的劲头更足了。

这些女工非常感谢玛丽，时不时地拿出自己喜欢的东西送给她。

玛丽能够体会到她们的心情，便更加积极主动地帮助她们。为了给女工们提供便利的学习条件，玛丽还一本本地搜集波兰文的书籍，办了一个小图书馆。每天，除了工作和正式的上课时间，这些工人都会聚集在图书馆内读书。如果不认识字，玛丽就会读给他们听。

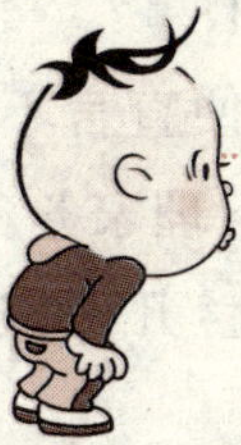

小记者卡卡的访问感言

理想可以改造一个人的思想，影响他的行动！如果你期望自己成为什么、得到什么，那么，在你的意识中，就会使自己努力朝这个方向发展。

卡卡的小问题

1. 中学毕业后的玛丽接受的第一份工作是什么？

2. 玛丽在做家庭教师期间加入了什么组织？

第二节 姐妹之间的计划

一段时期，玛丽发现姐姐布罗妮雅十分苦闷。为了找到问题出在哪里，玛丽找到了姐姐。

玛丽问："姐姐，你怎么了？我怎么感觉你有心事？"

布罗妮雅和玛丽的关系向来非常好，于是，便直言不讳地告诉了她："自从高中毕业后，我就一直在家料理家务。其实，我最大的愿望是到巴黎学医，然后回到波兰开一家乡间诊所。"

听了姐姐的愿望，玛丽表示支持："这个想法不错啊！"

"可是，要想到国外留学，需要一笔不菲的费用，以我现在的收入是完全不可能实现的。"姐姐说出了自己的困惑。

到现在，玛丽才知道了姐姐真正的困惑——学费！虽然玛丽是家里最小的女儿，但是，看到姐姐有心事，她觉得自己有责任帮助姐姐。

卡卡的作文素材

玛丽虽然是家中最小的，但责任心却很强。

其实，玛丽也非常希望自己能够到索尔本大学（巴黎大学神学院、理学院和文学院的总称）去学习，然后回到华沙做一名从事教育工作的教师。

当时，布罗妮雅虽然在做家庭主妇，其实，在空余时间，也带了几个学生。通过给这些孩子做家教，她也攒下了一点钱。可是，这些钱对于昂贵的学费来说，是微不足道的。

一天，当布罗妮雅又在计算有多少积蓄的时候，玛丽走了过来，对姐姐说："姐姐，我们算算看，你节省下来的钱，够你在巴黎住几个月？”

“这些钱已经够旅费和大学医学院一年的费用了。可是，你知道，医学院要读五年才能毕业，这些钱是远远不够的！”姐姐拿出自己的全部积蓄，让玛丽看。

玛丽非常同情姐姐的现状，说：“是啊，布罗妮雅，可是我们做一小时只能赚半卢布，想要攒够钱是不可能的。”

“那你觉得应该怎么办呢？”虽然玛丽是最小的妹妹，可她非常聪明。布罗妮雅相信，这个妹妹能给自己想出一个好办法。

“怎么办？我们可以联合起来，要知道去索尔本上学也是我的愿望！如果我们各自奋斗，那就谁也去不了。如果照我的计划办，说不定再过几个月，在今年秋天的时候，你就可以动身去巴黎了……”玛丽欢快地说出了自己的计划。

卡卡的作文素材

有了良好的计划，事情就等于成功了一半！为了让自己和姐姐的学业早日获得成功，玛丽制定了一份合理的计划。

“玛丽，你疯了！”姐姐惊讶地睁大了自己的眼睛。

可是，玛丽接下来说的话，却显示出她是有一套完整的学习计划的：“不！咱们这样做。开始的时候，你用自己的钱，然后我想办法陆续寄钱给你，父亲也寄，同时我也为我的将来攒钱。等你做了医生，我再去巴黎，到时候你再来帮助我。”

不得不否认，这个方法确实不错！可是，考虑到自己的妹妹，布罗妮雅还是提出了自己的困惑：“你赚的钱除去生活费，还能有积蓄吗？”

玛丽的眼中充满了期待：“如果我找一个能提供食宿的家庭去做家教，一年可以有四百卢布，也许还能多一些……只要节约一点，问题就可以解决了。”

布罗妮雅的眼睛里充满了泪水，妹妹太伟大了！妹妹的天资那样好，可为了让自己去求学，她却不知道要等到什么时候才能走。

卡卡的作文素材

玛丽先人后己的牺牲精神感动了姐姐。这样的美德值得我们每个人学习。

“玛丽，我觉得应该是你先去，以你的天分，应该很快就能成功的。”

“别傻了，姐姐，我才十七岁，你已经二十了。当然应该是岁数大的先走，毕竟我还有很多的时间。”

布罗妮雅听取了玛丽的建议，之后，她们两人便去找父亲。当父亲听完她们的讲述之后，对姐妹俩的大胆想象表示出了惊讶：“什么？相互帮扶？”

“是的。我先帮姐姐上大学，等姐姐毕业之后，再帮我。”玛丽简单明了地说。

“你们考虑好了吗？主要是你，玛丽。”父亲问。其实父亲是在为玛丽担心。

“想好了！”玛丽回答说。

作为家庭之主的斯可罗多夫斯卡现在还能说什么呢！自己的几个孩子确实都很聪明，可是，作为父亲，却没能给他们创造更好的学习条件。接二连三的家庭不幸，已经让他有点儿得过且过，看到自己的孩子还这么积极上进，斯可罗多夫斯卡心中的激情也被点燃了。

这确实是一种两全其美的办法，父亲支持了她们的做法。

两个星期之后，带着妹妹的期望，布罗妮雅离开了华沙，开始了自己的学业生涯。布罗妮雅也因此成为斯可罗多夫斯卡家中第一个去国外留学的孩子。

现在，玛丽必须重新规划自己的生活。为了实现和姐姐定下的计划，玛丽必须挑起生活的重担，不得不向自己的少女时代挥手告别。

小记者卡卡的访问感言

今天所做的事情是为了明天的梦想，未来属于那些在今天做出计划并真正实施的人们。

卡卡的小问题

1. 玛丽的姐姐遇到了什么困难？

2. 玛丽想出了什么主意解决这个困难？

第三节 给Z先生家做家教

在布罗妮雅离开以后，玛丽为了负担姐姐和家庭的花销，开始去职业介绍所寻找长期的家庭教师工作。

经过一番选择，玛丽接受了一位律师夫人的邀请，成为一个 8 岁女孩和一个 6 岁男孩的家庭教师。

在一般人的印象中，家庭教师似乎是一个优雅而浪漫的职业。但实际上，在玛丽生活的年代，家庭教师的地位也就比佣人、花匠、厨师稍微高出一点。

玛丽写信给表姐亨利埃特描述这个家庭说：

> ……那位夫人和我的关系非常冷淡，让我都难以忍受下去。可是，为了赚钱供姐姐读书，我必须坚持！
>
> 这个家庭和其他有钱的家庭一样，在公开场合只说法语。他们可以六个月不付账，连点灯的油都吝啬，却用着五个仆人……
>
> 最讨厌的是，他们口头极甜，可是话里总流露着诽谤，一种把人说得体无完肤的诽谤。我在这里学会了把人类认识得更深一点。我知道了小说里描写的人物并非虚构，也知道一个人不应该和被财富毁了的人交往……

玛丽本来希望可以不离开家，在华沙通过工作赚到一笔数目可观的收入，来支持自己和姐姐制定的计划，可是这份工作带给她的只是一个关于“被财富毁了的人”的教训。

于是，玛丽试着找一个肯给多一点工资的家庭。

一天，当玛丽上完课回到家里的时候，看到家里多了一位客人。原来，这个人是代自己的主人来请玛丽去做家庭教师的。

这个人的主人是Z先生，住在斯茨初基的一个偏僻的乡村。他答应，如果玛丽愿意做这份工作，他一年给玛丽五百卢布的工资。

虽然去那个地方需要先坐三个小时的火车，再坐四个小时的雪橇才能到，可玛丽还是爽快地答应了。因为，这样的薪资待遇确实不错！

卡卡的作文素材

为了实现理想，帮姐姐攒够学费，玛丽接受了并不如意的工作。

Z先生家在当地算是比较富有的家庭，可是，他们的生活却显得有些简朴。他们的房子虽然比附近的农民住房稍微讲究一些，也只不过是一所老式别墅。这是一座大而低的板屋，一共有两层楼，阳台上全都镶嵌着玻璃。

玛丽来到Z先生家里之后，被安排住在二楼。玛丽原来预想，在这偏僻的乡村里，一定是一派田园风光，有草场和森林。可当她第一次打开住房的十字窗时，看到的却是一根高耸的冒着浓浓的黑烟的工厂烟囱。一条河从工厂里流过，流进去时是清泉，流出来时却是污水，而且还泛着污浊有毒的泡沫。周围几公里内，是一望无际的甜菜田。秋天时，牛车载着沾满泥土的甜菜，从四面八方运往制糖厂。而这些，基本上都属于Z家所有。

Z先生是一位农学家，对各种新技术都非常精通，不仅管理着两百公顷的甜菜，而且还拥有一家制糖厂的大部分股份。

Z先生家里一共有四个孩子，玛丽每天工作七小时，只负责给其中的两个孩子上课，一个是十八岁的长女布朗卡，另一个是十岁的次女安霁亚。

别墅里有一座美丽的花园，上完课之后，玛丽常常会到那里散步。

一次，在散步的时候，玛丽遇到了Z先生。

卡卡的作文素材

机会垂青每一个有准备的人。

Z先生本来就是一个喜欢学习的人，通过一段时间的观察，他发现自己请来的这位家庭教师具有丰富的知识，而且充满了对学习的渴望。

当Z先生看到玛丽的时候，主动和她打招呼："哦，玛丽老师！"

玛丽一看是Z先生，便走上前道："您的花园真漂亮！"

听到玛丽的赞美，Z先生呵呵一笑。

"不过……"玛丽没有笑，却发出了自己的质疑，"您是一个农学家，按道理应该有一个书房。可是，我怎么没发现呢？"出于学习的爱好，玛丽对书房之类的地方非常敏感。

"我用不着书房！"

"用不着书房？"

"因为在我的制糖厂里有一个小图书馆！"

"图书馆？"

"是！那里藏着丰富的图书，是我们祖辈几代人收藏下来的。如果你愿意，可以到那里借书和杂志。"

"真的吗？"听到Z先生的承诺，玛丽的眼里迸发出了神采。她没有想到，这里不但工资高，而且还可以读书。

从那以后，玛丽便成了图书馆的常客。只要一有时间，她便会来图书馆借书。当然，她是不会影响自己给孩子们上课的。

在写给亨利埃特表姐的信中，玛丽这样介绍自己的新生活：

我到Z先生家已经有一个月了，已经适应了新的环境。到目前为止，所有的事情还算顺利，Z家的人都很好，我和他们的大女儿布朗卡已经成了很要好的朋友。

至于另一个学生安霁亚，她还算是个听话的孩子，不过有时很散漫。当然，谁也不能要求别人十全十美。

……我目前过的是我这种“地位”的人过惯了的生活。教课之余，我还可以读一点书。Z先生比较有教养，他虽然很守旧，但却很有见识，有同情心，而且很讲道理。他的妻子虽然比较难相处，不过如果你找到和她相处的方式，她也是很和蔼可亲的。我相信，她还是喜欢我的。

小记者卡卡的访问感言

世上无难事，只怕有心人。为了实现自己的理想，面对困难的时候，要勇敢、执着、不畏艰辛地去战胜它！

卡卡的小问题

1. 玛丽为什么接受了Z先生家的邀请？

2. 玛丽在Z先生家的生活如何？

第四节 教农民孩子学习祖国文字

在乡村生活期间，玛丽每天都会在路上遇到许多农民的小孩。

这些孩子一个个穿着破旧的衣服，头发像乱草一样。在他们的脸上缺少一种孩子特有的天真，显得有些迟钝。

后来，玛丽才了解到，原来这些孩子大部分都是文盲，几乎没有哪个人进过正式的学校；即使进过学校的，也只学会了几个俄文字母。

看到本来应该上学的孩子却没有学上，玛丽的心中一阵的酸楚。渐渐地，在玛丽的心中有了一个计划。

玛丽想：如果自己能够秘密地开设一些波兰文课，这些孩子就可以感受到自己民族的语言和民族历史的美好！

玛丽曾经有过的“启发群众”的梦想，在这里似乎有了实现的可能。

考虑到自己目前的身份，玛丽决定先和 Z 先生商量一下。

一天，玛丽又来图书馆借书，遇到了正在看书的 Z 先生。便将自己的这个想法说了出来。

▲波兰风光

“给孩子们开设波兰文课？”听了玛丽的大胆设想，Z 先生不禁被眼前的玛丽震撼了！这是一种多么强烈的爱国情感啊！可是，实业家的身份使他不得不慎重考虑自己做出的每一个决定。

“给孩子们上波兰文课，你想好了吗？”他问玛丽。

“我已经想好了！”玛丽肯定地说。

“那你就大胆地干吧！不过，要多留意，虽然这是农村，可俄国人的耳目还是很多的。”玛丽知道 Z 先生是在提醒自己。

征得 Z 先生的同意后，玛丽开始了一种繁忙的生活。

每天除了给布朗卡和安霁亚上课外，玛丽还要抽出两个小时教这些农民的小孩。尽管如果被人告发，可能会被判处流放，但是玛丽还是义无反顾地投身到了这项工作中。

而且，这样的教学模式，无意当中还对玛丽的学习起到一定的复习作用。每次在给这些孩子上课之前，玛丽都要细心地备课。因为没有教材，玛丽便即兴授课。

卡卡的作文素材

温故而知新，教同时也是一种学的方式。

每当孩子们聚集在玛丽的房间里面的时候，玛丽都异常地高兴。虽然他们的身上散发着阵阵的汗臭味，但他们学习起来都非常认真。每学会一个新单词，他们的眼神就会显出光亮，并发出发自内心的欢呼。

这些孩子都是由自己的父母带来的，主要是出于安全的考虑。每到这个时候，坐在屋子角落里的那些文盲父母，也会显出惊奇赞叹的表情。

这使玛丽感到非常愉快，体会到了这份工作的意义。她还从自己微薄的积蓄里挤出钱，为这些孩子买来练习本和笔。

她写信给布罗妮雅说：

> 我的愿望是要为贫苦的平民做一点事。我能做到的，只是教十二个乡下孩子读书，至于使他们认识自己的处境，了解自己在社会上的任务，现在还谈不上。
>
> 不过，虽然一切都做得非常缜密，还是会有一些不三不四的人想打听点什么。

一天，一名家长带着自己的孩子来见玛丽，想让玛丽收下这个孩子并教他读书。玛丽想都没想，就答应了。

当天晚上，Z 先生找到了她。

“今天是不是又收了一个孩子？”Z 先生直言不讳地问。

“是的，出什么事了？”玛丽不解地问。

“今天，我家的仆人告诉我说：有个人带着一个孩子，在我家的院子里乱转，幸亏发现得早，被仆人赶走了。”

“什么？”

“玛丽，接收孩子的时候，一定要小心一点。不要什么人都收！说得明白一点，现在俄国人很重视教育问题，如果发现你在这里教人们学波兰文，他们是不会善罢甘休的！”

卡卡的作文素材

玛丽在不允许的情况下向孩子传授祖国文化。

Z 先生的这次谈话重重地敲在玛丽的心上。为了将自己的这份事业做得长久，玛丽开始对学生的安全重视起来。

第二天，当那位家长带着孩子来的时候，玛丽找了个借口，拒绝了他们。同时，玛丽还让上学的这些孩子和家长统一口径，不管哪个人问，都说这里在教俄文。

就这样，玛丽一时间也平安无事。而且，因为Z先生在当地的影响，有些人即使对玛丽存有怀疑，也不得不顾及到他的面子。没有十足的证据，他们并不敢造次。

在玛丽的心目中，法国才是真正的自由之地。在自由的法国，不管你是从什么国度来的人，都不会受到歧视。那里，也许才是她的灵魂可以真正得到解放的地方。但是，她真有一天能去巴黎吗？能到索尔本学习吗？在那里接受最好教育的梦想能实现吗？

玛丽还在坚持自己去法国求学的梦想。

在Z先生家做家教的日子里，既没有老师的指导，也没有做实验的机会，玛丽全靠自学钻研着数学和物理学的知识，她在知识的迷宫里艰难地摸索。

小记者卡卡的访问感言

无论在多么艰难的条件下，都不要失去信心，不要放弃。

卡卡的小问题

1. 玛丽在Z先生家做家教期间还做了哪些力所能及的工作？

2. 玛丽在教人们波兰语的时候遇到了什么麻烦？

第五节 第一次恋爱

玛丽长得越来越漂亮了。虽然她还不到 19 岁，却已经变成了一位优雅的女子。她皮肤光洁，头发浓密，蓝灰色的大眼睛闪烁着聪慧的光芒。

不久之后，Z 先生的长子卡西密尔从华沙回来度假。当他第一次看到玛丽的时候，就感觉到了玛丽的与众不同。

此后，只要一有时间，卡西密尔就会去找玛丽。经过一段时间的接触，卡西密尔发现：玛丽不仅长得漂亮，舞蹈也跳得非常棒，而且还会划船、滑冰、作诗。

卡西密尔在以前也认识过不少女孩，他感觉玛丽和那些青年女子完全不同，便不顾一切地爱上了她。

玛丽有着强烈的革命观念，同时拥有一颗敏感的心。虽然工作很忙，她也强迫自己拼命学习，然而这儿几乎没有一个人能与玛丽进行对等的、机敏的、哲人式的探讨或对话，她有时甚至会为此焦躁不安。

卡卡的作文素材

玛丽对于精神的追求从来没有停止过。

精神上的荒漠对于一个有头脑、有追求的青年来说，可以说是最可怕的。她不知不觉地就把卡西密尔当做自己的知音和亲人了。她也爱上了这个相貌俊美、惹人喜爱的大学生……

可是，这两个年轻人太理想化了，以为一切清规戒律都是为别人制定的，和自己的生活无关。卡西密尔只比玛丽大一点儿，两个月后，他们计划结婚。

"父亲，我打算和玛丽结婚！"当卡西密尔将这个计划告诉父母的时候，对于Z家来说，无异于一个晴天霹雳。

"什么？结婚？玛丽？"母亲不敢相信。

"玛丽知识渊博、知书达理，虽然她的家庭很贫穷，但是从所受教育的程度上说，我们两家是不分伯仲的。"卡西密尔分析着自己和玛丽的婚事，他确信父母一定会祝福他们的。

可是，卡西密尔没有想到这件事情在家里掀起了巨大的波澜。

"不行！"父亲大发脾气。

母亲几乎要昏过去了。他，卡西密尔，他们最爱的孩子，竟会选中一个一文不名、不得不"在别人家"做事的女子！他原本可以很容易地娶到当地门第最好而且最有钱的女子！他疯了吗？

转眼之间，这个表面上把玛丽当做朋友看待的人家，在卡西密尔和玛丽之间毫不留情地划出一条清晰的社会等级的界限。

虽然玛丽聪明、文雅、有教养，她的父亲在华沙也很受人尊重，但一百种好处也敌不过她家庭女教师的身份。

受到训斥的卡西密尔畏缩了。他本来就是个个性软弱的人，不只害怕家里人对他的这种态度，更没有勇气去挣脱社会等级的枷锁，最终乖乖地顺从了父母的意愿。

"玛丽，我们分手吧！"卡西密尔说。

听到卡西密尔的话，玛丽无奈地答应了。

这是玛丽的第一次恋爱。这

卡卡的作文素材

玛丽的自尊心受到了冲击，但她没有怨天尤人。

些人的轻视让她感到非常痛苦和耻辱。可是，玛丽只能保持冷淡和沉默的态度。她甚至打定主意永远不再回忆这次恋爱，而且今后再也不谈恋爱了。

但玛丽真正的痛苦在于不能离开Z家！贫穷使她不能放弃这份工作，她必须每月给姐姐寄十五到二十卢布，这差不多是她工资的一半。

卡卡的作文素材

虽然玛丽很想离开Z家，可是为了供姐姐读书，为了自己的梦想，玛丽忍受着屈辱。

玛丽没有向Z家的人做任何解释，也没有争论。她忍受着屈辱，仍然选择留在斯茨初基，又恢复了以前的状态，好像什么都没发生过一样。

玛丽咬紧牙关，继续过着单调无味的生活。以她的收入，本来可以为将来积蓄一笔学费，可她因为要为姐姐提供学费并承担部分家用，所以，她的生活越发困难。

1888年3月18日，玛丽给哥哥约瑟夫写了一封信，说：

……我用我仅剩的一张邮票寄出这封信，此刻我一文不名，除非碰巧仍有一张邮票落在我手里，假期前我不能再给你写信了。

……我多么希望回到华沙住几天啊！我不愿提起我的衣服，它简直没法再穿，非得补一补不可了。

……我的灵魂也是一样的受伤。我深深希望能有几天离开这个冰冷的环境，能有几天不受批评，能有几天不必时时刻刻留意自己的言谈、表情和姿势。

除了忧虑家里外，我在此地也有不少烦

恼……如果不是为布罗妮雅着想，我一定立刻向Z家辞职，再找别的工作，虽然这里的报酬很高……

卡卡的作文素材

为了心中的梦想，玛丽并没有消沉下去，我们要学习她的毅力和勇气。

不过，玛丽并没有就此消沉下去，她勇敢地同自己的消极情绪作斗争。这年11月，她写信给表姐亨利埃特说：

我不知道等你再见到我的时候，你会认为我在这里度过的几年对我是好还是坏。所有的人都说，我的变化很大，不论是身体方面还是精神方面。这是很自然的！

我来这里时才十八岁，而这几年我什么没有遇到过？这段时间可算是我一生最残酷的时期，我对每一件事的感受都太强烈了。

我竭尽全力来应付一切，我天性中的勇气占了上风，我有一种从噩梦中醒来的感觉……我有一个重要原则：不管是对人或对事，都决不屈服！

小记者卡卡的访问感言

勇气和理想是支撑玛丽度过重重难关的两大支柱。我们也要拥有属于自己的理想，不被困难打倒。

卡卡的小问题

1. Z先生和妻子为什么不同意玛丽和卡西密尔结婚？

2. 是什么理想支撑玛丽忍辱留在Z先生家？

第六节　成为大实业家F先生的家庭教师

在Z先生家度过三年时光之后，玛丽家里的境况有了变化。父亲斯可罗多夫斯卡领到了养老金。不过为了减轻儿女的负担，他不愿就此退休，而是接受了一个既辛苦又麻烦的工作——在华沙附近的一个儿童感化院做监督。那里的环境很差，但工资较高，他可以按月为在巴黎的布罗妮雅提供帮助了。

布罗妮雅得到父亲的接济之后，第一件事就是写信告诉玛丽不用再给自己寄钱了；第二件事则是让父亲从每月寄给她的40卢布中留下8卢布，来慢慢还清妹妹寄给她的那些钱。玛丽的积蓄因此增加得快了一些。

卡卡的作文素材

玛丽忍辱在斯茨初基度过了三年时光。

1889年夏，玛丽离开了她生活了三年多的斯茨初基，离开了那一望无边的甜菜地。

辞别了Z家，回到华沙，玛丽愉快地呼吸着本城的空气。很快，华沙一位大实业家F先生请她去做家庭教师。

这一年玛丽过得比较快乐。

F夫人长得很美，娴雅富有。她拥有大量的皮货、珠宝和高档服装。这是玛丽第一次也是最后一次亲身经历奢侈生活。

虽然玛丽出身卑微，可F夫人非常喜欢她。当F夫人看到自己的家庭教师没有衣服可换的时候，决定将自己的几件衣服送给她。

一天，F 夫人将玛丽带到了自己的储衣间。当仆人将储衣柜打开的时候，玛丽看到了别样的天地。这里收藏着各种各样的衣服，都是当下流行的款式。

“夫人，您的衣服可真多！”玛丽赞叹道。

等到仆人离开之后，F 夫人对玛丽说：“这些衣服都是我近几年买的，有些甚至还是托别人从外地捎来的。可是衣服太多了，总有几件是穿不上的。闲着也是闲着，玛丽你选几件，我送给你！”

听了 F 夫人的话，玛丽简直难以置信。

“玛丽，你已经是一个大姑娘了，要学会打扮自己。”F 夫人继续说，“这些衣服很适合你！”

玛丽知道，F 夫人是出于真心，并不是那种虚情假意，更不是借此炫耀。只是这些衣服的价格昂贵，玛丽不好意思接受。

卡卡的作文素材

玛丽不喜欢华丽的衣服，而喜欢书籍。

玛丽委婉地推辞：“您的这些衣服确实很漂亮，我也很喜欢。可是，我还是更喜欢书本。如果您能将自己的藏书送给我几本，我会更乐意接受的。”玛丽知道，在 F 先生的书房里，藏着很多书籍。

“行！不过，这我得先问问 F 先生，看看哪些书是闲置不看的。如果有，我就找几本送给你。”F 夫人说。

几天之后，F 夫人让仆人给玛丽送来一摞书。上面有一张清单，表明了哪本是借给玛丽的，哪本是送给她的。

玛丽真是太高兴了。她很感激 F 夫人给自己创造了读书的条件。F 夫人给玛丽带来的这些书，是她以前没有听说过的。这些书扩大了玛丽的视野，带给了玛丽一种崭新的世界观。

F 夫人对玛丽很好，经常称赞她，邀请她参加所有的茶会和舞会……可是，玛丽对于这样的邀请大多数都拒绝了。因为，她要抓紧一切时间读书。

一天晚上，F 家里又在举办聚会。F 夫人来找玛丽，当她推开玛丽的房门，却发现玛丽正聚精会神地读书。

F 夫人在玛丽身后站了一会儿，玛丽竟然没有察觉。F 夫人被玛丽的学习劲头所打动，决定从今以后，不再耽误玛丽的时间，而且，还要继续给玛丽提供更多的书籍。

卡卡的作文素材

玛丽学习非常刻苦，为了吸取知识，她争分夺秒地抓紧一切时间来读书。

没过多长时间，玛丽接到了布罗妮雅的一封信。原来，再有一年，布罗妮雅就要从医科专业毕业了。在信里，布罗妮雅让玛丽也来巴黎上学。

看到姐姐快毕业了，玛丽很为她感到高兴。玛丽庆幸自己当初所做的决定。可是，家里还有很多人需要玛丽照顾。现在，父亲的年龄大了，玛丽实在不忍心离开他。最后玛丽决定：先不去巴黎，继续在 F 先生家工作。

小记者卡卡的访问感言

只有博览群书，才能获得丰富的知识。

卡卡的小问题

1. 玛丽离开Z先生家以后又去了哪里？

2. F夫人是如何对待玛丽的？

第七节 巴黎之行以前

1890 年 9 月，F 先生家的家庭教师工作结束之后，玛丽回到了华沙的家里。3 年来，她做了多少个回家的梦，多少个夜晚因为这种狂喜而从梦中醒来，独自一人轻轻拭去眼角的泪水，让惨淡的月光和远处的狗吠声陪伴自己。

看到离别几年的小女儿终于回到家里，斯可罗多夫斯卡内心波澜起伏。作为父亲，斯可罗多夫斯卡当然希望玛丽可以留在自己身边，但他明白：玛丽是一个有理想、有抱负的孩子，不能将她的生活局限在华沙的小圈子里。

一天晚上，斯可罗多夫斯卡来到玛丽的房间，对玛丽说：“孩子，爸爸当然希望和你住在一起，但是如果你以为像这样在家里陪着我就能让我快乐，那你就大错特错了。你的才华不允许你的人生停下脚步，我也还没有到必须有人看护的地步。你的才能得不到发挥，才是真正让我痛苦的事情。玛丽，明年你就到巴黎去吧。布罗妮雅到那时已经毕业了，她应该可以帮助你了。在这之前，你要从生活上到学习上都做好准备。”

卡卡的作文素材

玛丽的父亲深明大义，不愿束缚女儿的发展。

听了父亲的一番表白，玛丽非常感动。玛丽没有做声，她还能说什么呢？她喉头发紧、鼻子发酸，眼眶充满泪水地依偎在慈祥的父亲肩头。

父亲用温暖的手轻轻地拍着女儿的肩膀：“我支持你去巴黎学习，我可以先推荐你到工农业博物馆去学习。”

“真的吗？”玛丽简直不敢相信。

“在那里，你可以获得比较多的实践机会。在不断的尝试中，还可以培养你在实验研究方面的爱好。”

在得到父亲的鼓励之后，玛丽终于开始认真地计划去巴黎的事情了。她计算着种种可能，毕竟，自己快二十四岁了，再也不是来日方长的少女了。

卡卡的作文素材

功夫不负有心人。在父亲的鼓励下，玛丽将要实现这来之不易的留学生活了。

为了帮助玛丽提高学习能力，斯可罗多夫斯卡先生将女儿介绍给了自己的表兄约瑟夫·柏古斯基。由这位表叔负责玛丽去实验室“工农业博物馆”学习。

“工农业博物馆”是一座两层的建筑，因为俄国人禁止设立实验室，但不反对建博物馆，所以才取了这个名字，来蒙蔽沙俄当局的耳目。

约瑟夫·柏古斯基是一位年轻的科学家。他一直暗中组织崇尚科学的波兰青年在一起学习科学知识。每到晚上或周末，青年们就聚集在这里做科学实验。

能够来到这个实验室学习，玛丽感到十分兴奋。她从小就对父亲书橱里的实验仪器十分好奇，想不到如今竟然可以亲自操作实验仪器。

第一次走进这里时，玛丽被周围弥漫的药味吸引了，实验用的器械和试管在灯下发着寒光。那些穿着白衣的年轻人正聚精会神地探求科学的奥秘，连玛丽进来也没察觉到。

从那以后，每天晚上和周日，不管多么疲劳，玛丽都要到“工农业博物馆”去。在那里，她试着做一些物理学和化学书籍中记述的实验，每个小小的成功都能让她高兴得跳起来。

卡卡的作文素材

为了提高学习能力，玛丽忘记了疲劳，投入到实验的操作中。

虽然玛丽高中时期的物理、化学成绩不错，但那都是“纸上谈兵”。她觉得，书本上很多知识看起来很难理解，但通过实验，就会变得十分生动和通俗易懂。

因为缺乏经验，有时候玛丽会出现一些意外的事故或失误，虽然有点儿感到失望，但她告诫自己不能灰心。

通过不断的努力，玛丽觉得自己已经向未知的科学世界迈出了第一步。多少年后，居里夫人回忆这段经历时说：她在实验研究方面的爱好，是在“工农业博物馆”的初步尝试中培养出来的。

玛丽没有下定决心离开波兰，除了牵挂父亲外，还有另一个原因：她仍旧爱着卡西密尔。她希望他俩的事情能有一个好的结局，如果一切能称心如意，她宁可不去巴黎。

1891 年 9 月，玛丽到喀尔巴阡山的察科巴纳度假。在那里，她与卡西密尔会面了。在这次会面之后，玛丽和卡西密尔的关系彻底结束了。当然卡西密尔不会想到，自己一时的懦弱，会成就一位伟大女性的成功。

这之后，玛丽开始为自己的巴黎之行做准备。1891 年 9 月 23 日，玛丽给布罗妮雅写信说：

布罗妮雅，我现在请你决定，是否真的能留我住在你家里，因为我可以来了，我已经能够支付自己的学费了。如果为我提供食宿不至于加重你的负担，就请给我一个确定的答复。

今年夏天我经受了一些会影响我一生的残酷折磨，去巴黎也许可以让我的精神恢复正常。但是从另一个方面说，我不想让你太受累。

听说你分娩在即，那我在你家里应该会有一点用处。假如我可以去巴黎，请你告诉我必须经过哪些科目的入学考试，以及最迟在哪一天还可以报名。

布罗妮雅的回信很快到了，一切当然没有问题。

小记者卡卡的访问感言

有了计划，就等于为事情的成功做好了准备；然而，光有计划，不付诸于实施也是不行的。

卡卡的小问题

1. 父亲同意玛丽去巴黎读书吗？

2. 玛丽在去巴黎读书以前又做了哪些准备工作？

名人名言

人必须要有耐心，特别是要有信心。

——居里夫人

我们应该不虚度一生，应该能够说：“我已经做了我能做的事。”

——居里夫人

人类也需要梦想者，这种人醉心于一种事业的大公无私的发展，因而不能注意自身的物质利益。

——居里夫人

梦想只要能持久，就能成为现实。我们不就是生活在梦想中的吗?

——丁尼生

梦想一旦被付诸行动，就会变得神圣。

——阿•安•普罗克特

梦想绝不是梦，两者之间的差别通常都有一段非常值得人们深思的距离。

——古龙

我们因梦想而伟大，所有的成功者都是大梦想家：在冬夜的火堆旁，在阴天的雨雾中，梦想着未来。有些人让梦想悄然绝灭，有些人则细心培育、维护，直到它安然度过困境，迎来光明和希望，而光明和希望总是降临在那些真心相信梦想一定会成真的人身上。

——威尔逊

漫画展示厅

远大的理想是名人不断进取的强劲动力

玛丽每时每刻都在想着自己的理想。

为了帮助玛丽早日实现自己的理想，很多人都给玛丽提供了帮助。

玛丽得到了Z先生的支持，非常高兴。

玛丽成了图书馆的常客。

由于家庭门第观念的影响，卡西密尔和真心相爱的玛丽分手了。

玛丽虽然感到非常痛苦，可她还是坚持了下来。

玛丽忍受着屈辱，继续留在Z先生家。

为了实现自己和姐姐的理想，玛丽坚持给组姐姐寄钱。

F夫人打算送给玛丽衣服。

玛丽喜欢读书胜于衣服。

每天，不管多么疲劳，玛丽都要到“工农业博物馆”去。

玛丽非常喜欢这些实验仪器。

每一个小小的成功都会给玛丽带来喜悦。

自己的理想终于快要实现了，玛丽给姐姐写了信。

小记者卡卡有话说

同学们，你们知道居里夫人是在多么艰苦的条件下完成大学学业的吗？你们知道她有多么刻苦与用功吗？相信读完这章，你们会获得跟我一样的启发！

第三章 异国的求学之旅

第一节 简单的火车之行

1891 年，就在冬天刚刚探出头来的时候，玛丽的巴黎之行便开始了。考虑到自己不多的积蓄，玛丽最终决定乘坐最便宜的四等列车去巴黎。

卡卡的作文素材

为了给自己节省下更多的钱用来读书，玛丽过着节俭的生活。

这一天，玛丽带着自己的简单行李来到了火车站。为了节省在巴黎的开支，她把褥子、床单、毛巾、衣服、书本等各种生活用品都带上了。

▲巴黎风光

父亲来给她送行。

看着即将离开自己的女儿，父亲心潮澎湃。这一次的离别和前几次的外出工作在意义上有根本性的不同，如果说前几次的离开是为了实现近期的目标——挣钱，那么，这一次的远行，便肩负起了更长远的意义。

这次，玛丽是为了求学才离开家的。父亲知道，等到女儿下次回来，她必然会有一个知识上的提升。当然，这也是他的一个梦想。

临别前，玛丽亲吻着年迈的父亲说：“爸爸，我不会离开很久的！一毕业，我马上就回来。我们住在一起，永远不再分离……”

斯可罗多夫斯卡把小女儿紧紧搂在怀里，喃喃地说：“是的，我的玛丽。一路平安，好好学习，祝你好运！”

很快火车便进站了，人们轰的一下涌进了车厢。

这是四等车厢，是条件最差的列车，车厢里根本就没有暖气。尽管如此，玛丽仍觉得自己已经是一个幸福的人了。

列车呼啸着，发出一阵“哐当、哐当”的声音。在暮色中，先穿过了德国，接着穿过了比利时。

卡卡的作文素材

有了梦想就有了快乐！心中的梦想让玛丽忘记了生活的艰难，给了玛丽无穷的乐趣和信心。

玛丽蜷缩在椅子上，用毯子裹住自己的双腿。虽然黑夜的寒意阵阵袭来，但她还是感到了无限的快乐。

往事一幕幕在她心头闪现。她想起了自己为了挣钱是如何忍辱负重的；她还想起了自己曾经教过的几个农村孩子；她想起了自己的初恋……她甚至还想到了自己正坐在宽敞的教室里听课和自己读书的情景。当她想到自己毕业站在领奖台上的时候，不禁笑了起来。

若干年后，当居里夫人的女儿艾芙在描述母亲的这次选择时，由衷地赞叹道：

“她绝对没有想到，她登上这列火车的时候，就是在光明和黑暗之间做了最终的选择，就是在渺小的岁月和广阔的生活之间做了最后的抉择……”

列车上坐着很多人，一眼就能看出，这些人绝大多数都是穷人。他们衣着简单、破旧，既不买什么吃的，更不买什么喝的。他们每个人的身上都带着一壶水，这些水显然是从家里带来的。

玛丽也自备了水壶，为了节省不必要的花销，她还在出门的时候带了一点干粮。火车已经走了几个小时，玛丽的肚子闹起了“饥荒”。

她打开一个包裹，从里面取出一点食物。正在她要将食物往嘴里塞的时候，她突然看到一双渴求的眼睛，玛丽以为这个小女孩饿了，便将食物分了一半给她。

可是，小女孩没有接。玛丽坐回到自己的座位上，小女孩的目光还是盯在她的身上。

玛丽看看自己，又看看女孩，忽然明白了什么。她再次走到小女孩的座位边上，将自己手中的一本书递给她，小女孩笑了。

看到火车上多了两个读书的女孩，车厢里顿时活跃起来。

“什么年月？还读书？”

“自己连饭都吃不饱，还想读书？”

“读书有什么用？还不如喝点酒呢！”

……

对于别人的谈论，玛丽没有表态。玛丽没有想到，在这列穷人乘坐的火车上，还有一个和自己有着相同嗜好的女孩。她高兴极了！而有了这个女孩的陪伴，路上应该不会太无聊。

小记者卡卡的访问感言

理想是一个人生活的动力。要想让自己过上有意义的生活，就要心中有梦想。

卡卡的小问题

1. 玛丽乘坐什么样的火车去巴黎？

2. 玛丽在火车上遇到了哪些人、哪些事？

第二节　来到巴黎

经过一段漫长的旅程后，玛丽终于到达了巴黎。

虽然艰苦的旅途使她疲惫不堪，可是一下火车，那种在波兰时的被压迫感就忽然离开了她。她第一次呼吸到自由国度的空气，感到身心都无比舒畅！

眼前的一切都是那样的自由：这里的人们在交流的时候，想使用哪种语言就使用哪种语言；书店里，不管是哪国的书籍都可以公开出售……

其中最吸引玛丽的，是那条微微斜向市中心的平直大路。正是这条路指引着她——玛丽·斯可罗多夫斯卡，走向一所著名大学的大门。

啊，神秘的巴黎！永远笼罩在云雾中的巴黎！对于玛丽来说，巴黎永远意味着笛卡儿、拉普拉斯、拉格朗日、拉瓦锡等科学界的巨星，她到这儿来是为了攀登那险峻的科学高峰。

这是一所多么著名的大学呀！几个世纪之前，它就被人们赞誉为“宇宙的缩影”。著名的基督教的领袖人物——马丁·路德就曾经说过：“最著名、最杰出的学校就在巴黎，它的名字叫‘索尔本’！”

玛丽的姐姐布罗妮雅和姐夫在巴黎的德意志路开医院，他们腾出二楼的一间房让玛丽住。虽然生活条件比较简陋，可是玛丽并不在乎，她只是一

卡卡的作文素材

玛丽不在乎学习条件的艰苦，她一心想着能上高等学府学习。

心想着先去索尔本大学看看。

玛丽急切地对姐姐说："快带我去索尔本大学，我现在就想亲眼看一看那个地方！"姐姐是最了解自己的妹妹的，玛丽的话音还没落，姐姐便拉起她飞奔了出去。

▲巴黎第一大学（索尔本大学）

当时，索尔本大学正在改建中，原来的外观遭到了一定的破坏，然而玛丽仍觉得处处都让人满意。

在校舍旁的墙上，贴着一张布告：

法兰西共和国理学院——第一学期

1891 年 11 月 3 日在索尔本开课

在玛丽看来，这是光辉的字，神奇的字！

19 世纪的法国科学界足以傲视欧洲其他国家，从法国院校培养出来的科学家都有非常深厚的数学根基，这使他们在近代科学的发展中，立下了赫赫功勋。我们可以在法国学者中信手挑出许多世界级科学明星，比如：居维叶、安培、阿拉果、伯纳德·贝克勒尔和彭加勒等等。

卡卡的作文素材

玛丽怀揣着成为一名科学家的梦想，出国留学给她提供了机会。

法国科学界辉煌的过去和现在，无一不激励着玛丽，她像航海者寻找北极星一样，把巴黎当做心目中的北极星！

玛丽将自己的名字玛丽·斯可罗多夫斯卡写在了入学注册单上。

玛丽朴素的外表、沉静好学的精神很快引起了其他学生的注意。一时间，学生们对玛丽议论纷纷。

"真是个与众不同的姑娘，她真是太漂亮了！"

"看她的大眼睛，多美丽啊！"

"不！她那金色的头发比眼睛更美！"

……

1891年11月3日，索尔本大学理学院正式开课，玛丽成了理学院的一名学生。

为了能够更有效地进行学习，每天天没亮，玛丽就会起床。玛丽总是提前来到教室，坐在第一排座位上，这样她就能够一字不漏地听清楚那些穿黑色礼服的教授们的每一句话。

卡卡的作文素材

强烈的学习愿望激励着玛丽。玛丽毫不懈怠，千方百计地为自己争取更好的学习条件。

一个名叫李普曼的教授为他们讲授物理学实验，这名教授刚刚在彩色照相方面做出了卓越的贡献。没过多长时间，玛丽便听说了关于这位教授的很多事情。

原来，李普曼教授以前在读书的时候，学习成绩并不好。他只注重学习他感兴趣的课程，由于对其他学科的忽视，最终没有通过取得教师资格的考试。可是，在物理学（尤其是实验物理学）方面，李普曼教授却取得了巨大的成就，基于这一点，他在1883年被任命为数学物理教授，1886年被任命为研究实验室主任。

李普曼教授的讲课不仅条理清晰，而且很有分量，他常常告诫学生说：“人的生命是短促的，而事业的进展则十分缓慢。”当玛丽听到这种颇带哲理的话时，渴望迅速进入科学殿堂的心情就更加急迫了。

李普曼教授也注意到了这位外国来的女生。经过长时间的观察，他发现：这名女生总是坐在第一排，上课的时候还会目不转睛地盯着他的一举一动，认真听着他的一言一语。

李普曼教授认为这是一个十分勤奋的女学生，但他万万没有想到：这位不喜欢说话的女学生，后来竟然获得了诺贝尔奖，而且还比他提前三年！

成为索尔本的学生之后，一个从没有想象过的科学世界在玛丽面前敞开了大门。在索尔本大学，所有教授的课对她来说都有着无比的吸引力。

卡卡的作文素材

为了充实自己，玛丽对每个老师的课都不敢落下。

李普曼、布提、保罗·阿佩尔……只要是公告上列出来的教授，玛丽都愿意认识。玛丽希望自己能够听到他们所有的课程，她觉得似乎永远不能满足内心对知识的焦渴。

那些教授的头脑里装满了科学的宝藏；他们的论证简洁清晰，极有分量；他们能够随意把世界缩小，玩弄着数字，玩弄着星辰，甚至以极自然的语气说：“我拿起太阳来，再扔出去……”

玛丽脸上带着敬佩的微笑，饱满的额头下，蓝灰色的眼睛散发出幸福的光芒。她想，还有什么比支配宇宙的不变定律更醉人？还有什么比发现这些定律的人类智慧更神奇？她的灵魂涌现一种冲动，要向那无穷无尽的知识前进！她觉得那些年的受苦和挣扎都是值得的。

小记者卡卡的访问感言

只有积极主动地学习，才能感受到其中的乐趣，才能对学习越发有兴趣。

卡卡的小问题

1. 玛丽有幸就读于巴黎的哪所大学？

2. 玛丽最喜欢听哪位教授的课？

第三节 在姐夫家的刻苦求学路

上课没多长时间，玛丽就发现自己遇到了两方面的困难：一是她原以为自己的法语很不错，能够跟上教授的讲课速度。可是，事实证明：教授们讲课时只要稍快一点，她就跟不上了，听懂了这一句却没听清楚下一句，弄得她非常尴尬；二是她原以为自己中学时的学习成绩很不错，到法国听大学课程是不会有什么困难的。可是，她发现：自己高估了自己原有的水平。

为了弥补在这两方面的不足，玛丽不得不废寝忘食地学习，力争尽快赶上教学进度。

每天，学校的课程一结束，玛丽就会夹着课本急匆匆地回到位于德意志路 92 号的布罗妮雅的家。然后，把自己关在小房间里，埋头学习。

卡卡的作文素材

玛丽将所有业余时间都用在了学习上。她在学习中感受到的不是枯燥，而是快乐。

巴黎本来是举世闻名的旅游胜地，很多学生都利用课余时间出去游玩，而玛丽却没有。玛丽将自己的时间都用在了学习上，只有在学习中，才能让她感受到幸福和乐趣。

住在姐姐家里学习，本来是有很多便利条件的。但是，对于玛丽而言，所有的这些便利都不如姐夫给她带来的困扰大，虽然这种困扰是出自百分之百的善意。

玛丽的姐夫德鲁斯基出生在波兰一个富裕家庭，因为有同谋暗杀亚历山大二世的嫌疑，不得不逃亡。他先在日内瓦当革命政论家，后来又到巴黎学政治科学，再后来改变志愿成为医学院的学生，最后当了大夫。

出于医生的职业敏感，德鲁斯基觉得玛丽总是埋头读书对健康不利，他觉得实在有必要劝一劝玛丽，便对她说："玛丽，你很有天分，这点我承认。你也应该努力，才不会辜负这份天赋。但从医学的角度来看，一天到晚在室内学习而不出外活动一下，对健康是很不利的。因此，我有义务帮助你改变这种过分的做法。"

对于他的忠告，玛丽置若罔闻。

看到自己的劝说没有发挥出应有的效果，德鲁斯基决定自作主张，给玛丽提供一些休闲的机会。

有一次，德鲁斯基提前买好了音乐会的票。

"玛丽，明天是星期天，晚上，我们一起去看演唱会？"姐夫摇摇手中的门票。

"不了，没什么好看的！"玛丽回答。

"听说这场音乐会中，歌唱家都是波兰人。"姐姐马上说。

听说都是自己国家的歌唱家演唱，玛丽说："好吧！"

第二天晚上，玛丽舍弃了晚上"极其宝贵的"学习时间，和姐姐、姐夫一起去欣赏这场音乐会。

听演唱会的人很多，其中不乏索尔本大学的学生，玛丽认得他们。

"很多你们学校的学生都来看，这个剧院的节目都是最好的！"姐夫介绍道。随着人流，玛丽他们一起走进了剧场。

这位优秀的波兰歌唱家演唱的波兰歌曲确实很不错，在场的观众，包括玛丽在内都受到了感染，激动万分。

但是，玛丽在回到家之后却十分后悔，觉得这一晚上

卡卡的作文素材

玛丽具有强烈的爱国激情，为了以后更好地为祖国效力，她又埋头学习起来。

的时间没用来学习功课，实在是太可惜了。她认为：只有先埋头学好科学知识，以后才有振兴波兰、为波兰效力的机会，现在应该把这份激情保存起来。

从此，玛丽便谢绝了姐夫的所有邀请。

看到玛丽这样，德鲁斯基大夫一点办法都没有了，他只好写信给他的岳父斯可罗多夫斯卡先生：

亲爱而尊敬的先生：

……我们这里一切都好。玛丽小姐学习很认真，差不多把全部时间都用在学习上，我们只能在晚餐时候见面。

她是一个独立性很强的青年女子，虽然您把她交给我照管，给我正式权力，但是她对我既不表示尊敬也不表示服从，而且嘲笑我的权威和我的郑重，把它视为敝屣。

我希望能使她明白我这样做的道理。可是一直到现在，我的教师才干并没有显示出什么效果，不过您不用担心，我们彼此了解，住在一起也极为和气。

这封信寄出去不久，玛丽便收到了父亲的来信。

想到很长时间都没有见到父亲了，玛丽很激动，急忙将信封打开。可是，里面的内容却让玛丽出乎意料。因为里面的论调和姐夫的论调是一样的，都是希望玛丽能够学会劳逸结合。

玛丽很生气，怪父亲不理解自己。可是，想到父亲也是为了自己好，她便消了火。玛丽给父亲回了这样的一封信：

亲爱的父亲：

……索尔本大学是一所著名的大学，这里学习氛围浓郁，无愧于人们对它的尊敬。我为自己找到了这样一个圣地而感到自豪。

我在这里过得挺好的，请父亲放心！为了补上自己的不足之处，我在认真努力地学习，希望学期结束后，我能有较大的收获。

现在，我得抓紧一切时间学习，其他的休闲娱乐我不会考虑。我没有那么多的时间，现在我的学习如此紧张，如果将时间都用在休闲娱乐上，我会觉得很愧疚！

不过，您要相信自己的女儿，我的决定没有错！

接下来，玛丽便又开始了紧张的学习。从那以后，姐夫的这种干扰也减少了。

小记者卡卡的访问感言

成功在于勤奋！勤奋学习，会让一个人的青春散发出更多的魅力和光彩。

卡卡的小问题

1. 玛丽为什么答应去听音乐会？

2. 玛丽为什么生父亲的气？

第四节 小阁楼中的独立生活

德意志路的生活虽然充满亲情，但是在那里，玛丽却不能将自己的全部身心都投入到学习当中。主要是外界给她带来了无尽的烦恼。

一次，玛丽正在分解一个方程式，这个方程式很复杂，她已经推算了一上午了，可还是没有结果。突然，从楼下传来一阵杂乱的钢琴声，她下楼一看，原来是姐夫正在弹钢琴。玛丽没有办法，只好回到了自己的阁楼里。

卡卡的作文素材

玛丽学习起来很专注。

因为姐夫是医生，所以家里时不时会来一些病人。他们家里常常是高朋满座，什么寻医的、问药的、打针的……特别是星期六日的时候更是如此。而这两天正好是玛丽需要潜心钻研的时间！

不管在什么时间，患者都可能跑来。一天晚上，11 点半刚过，玛丽就听到了一阵急促的敲门声。

玛丽以为家里发生了什么事情，忙披上衣服出去看。

她发现有两个大人正站在楼下，穿着睡衣的姐夫已经出来了，和他们交谈着。

“快点吧！我女儿正在发高烧，还说胡话！”一个男人急切地说。

“不要着急，我马上就去！”说完，姐夫便进了卧室，收拾停当之后，便随着那两个人一起走了。

玛丽回到自己的房间后很后悔，如果自己刚才不出去看，也不会浪费这十几分钟的时间，关键是自己的思路完全被打断了。

这些干扰让玛丽没法好好休息，更无法专心学习。最主要的是，从德意志路到索尔本大学，每天需要乘一小时的马车，这样不仅疲劳，而且花费不菲。

权衡之后，玛丽决定搬家。经过几天的寻找，她在大学附近找到了一间空余房。这是一个非常简朴的七层楼上的小阁楼。

3 月 17 日，玛丽给约瑟夫写了一封信，将自己搬家的原因告诉了他，以免哥哥产生误解。她写道：

卡卡的作文素材

玛丽为了抓紧一切时间学习，不惜离开姐姐家。

“你大概已经从父亲那儿知道，我决定搬到离学校近一点的地方居住。出于几种原因我不得不搬家，尤其是这个学期更是不得不如此。这个计划现在已经实现了，我现在就是在福拉特路 3 号新居里给你写信的。

这间小屋子很合适，也很便宜。一刻钟我就可以到化学实验室，二十分钟就可以到索尔本。当然，如果没有德鲁斯基的帮助，我绝不能把一切安排得这样好。

我比以前住在德意志路的时候用功一千倍，在那里姐夫经常不断地打扰我，当我从学校回到家时，他简直不允许我做别的事，只让我坐着陪他闲谈。为了这件事，我不得不和他宣战……

从此，玛丽过起了独自一人居住的日子，开始了一种“斯巴达式不近人情”的艰苦生活。

按照惯例，每个月父亲都会从波兰寄给她四十卢布。离开姐夫家之后，所有的费用都必须自己出，玛丽没有其他的经济来源，必须用这四十卢布支付每月的全部费用，包括：衣、食、住、行、书籍和纸墨。

如果她能够像其他同学一样精打细算，例如：几个人合住一间屋，每天用几小时来自理饭食，她也许可以生活得舒适一些。

但是，这种“小聪明”却使玛丽百思不得其解：到索尔本是来求知的，不是来显示小聪明和让自己舒适的。几个人住在一起会相互干扰，自理伙食会浪费掉许多宝贵的时间，利用这些时间读几页书，或在实验室里多观察一下、多做一些分析，那是多么好呀！

卡卡的作文素材

玛丽珍惜每分每秒，一个人过着勤俭的生活。

为了节约时间，玛丽尽量不生火做饭，几乎每天只吃一些涂黄油的面包和定量的胡萝卜、樱桃之类的生菜果实；从寓所到学校，她总是来回步行；为了节省灯油，晚上她到温暖明亮的图书馆里读书，每次都读到十点，图书馆关门后才回到住处点起油灯，继续攻读，直到清晨两点。

巴黎的冬夜十分寒冷，脸盆里的水很快就结了冰。为了御寒，在阁楼上学习时，她会把衣服、毛毯等几乎所有的衣物都裹在身上。睡觉时，她甚至把椅子也压在被子上，让自己觉得更暖和些。

独自居住期间，在日常生活方面，玛丽只学会了一件事——缝纫，这还是在寄宿学校时的手工课留下的“纪念”。不过大家不要因此认为，玛丽在需要新衣服的时候，会去买一块便宜的布料，自己做一件衣服穿。因为她曾经发誓，要永远穿从华沙带来的衣服。

这些衣服大都已经穿破了，但因玛丽一直注意清洗和缝补，所以，还勉强可以穿下去。平时，在学习比较疲劳的时候，她就去洗衣服“放松”一下。

为了节约开支，玛丽还省下了买煤的钱，她似乎不觉得自己会饿会冷。可是，该冷的时候还是会冷，在写数字和方程式的时候，她的手指会不知不觉地渐渐麻木，双肩也会不由自主地颤抖。这时候，如果有一碗热汤、一块牛肉，她的体力就可以得到一定的恢复，但是玛丽不想浪费哪怕一个法郎，更不愿意浪费掉半小时的时间去做这些事情。

卡卡的作文素材

为了节约下钱用来学习，玛丽过着难以想象的节俭的生活。

小记者卡卡的访问感言

如果想给自己创造良好的学习条件，就要想办法将自己的生活调节到学习的轨道上来，去除不必要的开销，将钱都用在学习上。

卡卡的小问题

1. 玛丽为什么要从姐姐家搬出来？

2. 玛丽独自在小阁楼过着怎样的生活？

第五节 用功!——强力透支下的身体

这种过分简单的饮食和高强度的学习，使几个月前刚离开华沙时气色还很好的玛丽患上了贫血，刚到巴黎时那圆润的脸明显地瘦下去了，蓝灰色的眼珠也逐渐失去了神采。她经常从书桌前一站起来就感到头昏；刚刚到床上躺下，马上就不省人事。

玛丽也意识到了自己的身体状况越来越差，但她对疾病和对其他事情一样，都采取极为轻视的态度。

她把自己的生命力用到了极限。她十分清楚，要想让可支配的钱坚持到取得学位的那一天，这些困苦是不能不忍受的。

卡卡的作文素材

玛丽非常重视自己的学业。对于玛丽来说，只有学习是最主要的，其他都是无关紧要的。

当然，玛丽是不会把自己的这种生活状况告诉姐姐和姐夫的。每次去看他们的时候，玛丽对他们询问的有关自己饮食和休息的问题总是一语带过。当姐夫以医生的敏感提出质疑的时候，玛丽总是坚持说这是自己用功过度的缘故。

但是，玛丽过高估计了自己的身体承受能力，她的健康问题不久就彻底暴露了。

一天傍晚，玛丽从图书馆回到七层楼顶的小房间，突然就晕倒在了床边。

幸亏那天晚上有位大学的同学来找她，不然，谁也不会知道她晕了过去。

一小时后，得到通知的姐夫德鲁斯基来了，而刚刚苏醒的玛丽尽管面色苍白，但已经在读第二天的功课了。

德鲁斯基大夫寻遍了整个房间，看到的只是干干净净的碟子和空空如也的锅。最后，他只找到一种“食物”——一小包茶叶。

姐夫为玛丽做了诊断，然后问她：“你今天吃的是什么？”

“今天？我不记得了，好像是刚吃完午饭吧。”

“你今天到底吃了什么？”姐夫毫不放松地盘问。

玛丽不得不说实话：原来因为功课忙，从昨天晚上起，她只吃了一把小萝卜和半磅樱桃。她读书读到清晨三点，睡了四个小时，就到索尔本去听课。回来后吃完剩下的小萝卜，就昏倒了。

卡卡的作文素材

为了给自己留出更多的时间用来学习，玛丽简直是废寝忘食。

几天后，玛丽的体力恢复了。姐姐和姐夫坚持让她住回他们家里，他们要为她的健康负责。但是惦记着将要进行的考试，玛丽又回到了七层楼上的小房间，她答应姐姐、姐夫从此会好好照顾自己的身体。

德鲁斯基大夫郑重地对玛丽说：“取得学士学位当然重要，但你不能太性急。你那非凡的头脑会让你通过的，用不着玩命。”

回到阁楼后，这约法三章没保持两天，玛丽又开始了原来的生活。

用功！用功！玛丽一心学习，她为自己的进步陶醉，觉得自己有能力学习人类已经发现的一切东西。她上数学、物理、化学几门课，渐渐熟悉做科学实验的技术。

不久，李普曼教授交给她一些研究工作去做。这些研究虽然不甚重要，却给了玛丽表现自己思维的敏捷性和独创性的机会，这让她感到十分的快乐和满足。

索尔本的实验室是一间又高又宽的屋子，有两个小螺旋梯通向里面的一个走廊，玛丽就在这里培养出了动手实验的能力。

▲李普曼教授

玛丽喜欢这种专注、宁静的气氛，喜欢这种实验室的“气候”，甚至直到她生命的最后一天，她都喜欢这种环境甚于其他任何环境。也许这种喜欢，对于任何一位科学工作者来说，都是比聪明才智更重要的“天赋”吧。

经过在索尔本的一段学习之后，玛丽认为取得一个学士学位是远远不够的，她决定考两个学位：一个物理学位，一个数学学位。

来巴黎之前制定的计划扩大并且充实起来，这让她回华沙的计划不得不随之改变。玛丽知道父亲正在等待着自己，但是现在自己必须先把学习的计划完成。

父亲当然选择了支持玛丽，1893 年 3 月 5 日，斯可罗多夫斯卡先生写信给布罗妮雅说：

……你上回的信第一次说到玛丽要考学士学位，虽然我问过她本人，但是她的信上还没有和我谈到过。

你再写一封信清清楚楚地告诉我，这些考试将在何时举行？玛丽希望在哪一天考完？所需的费用是多少？办理文凭要多少钱？我必须先做一个预算，以便给玛丽寄些钱去，我自己的计划也要依此制定。

玛丽继续在索尔本学习，过着四十卢布一个月的日子。同时，玛丽也开始在学习之外关照一下自己的生活，有时候她会从必需的费用里设法挤出一些，去享受一下“奢侈”的生活——晚上去看一次戏。她还保持着在农村生活时培养出的习惯，喜欢到城外去散步；在树林里采一些花带回来；关心花草树木发芽生叶。而且只要有一点钱和时间，玛丽都会到郊区去。

1893年4月16日，玛丽在写给父亲的信上说：

上周日我到巴黎附近的兰西去了，那是一个好看而且可爱的郊区，丁香花和所有果树的花都在盛开，连苹果树也开了花，空气里充满了花香。

在巴黎，4月初树就绿了，现在都已经长了叶子，果树更是满树繁花。天气热得像夏天，到处是一片绿色。我的屋子已经开始让人感到燥热，幸亏这间房子的租期只到7月8日，到预备7月考试的时候，我就不用住在这里了。

考试越近，我就越觉得自己还没有准备好，万一实在准备得不好，我就等到11月再考。当然，我是不希望这种情况发生的，所以，等着看吧！

小记者卡卡的访问感言

成功不是轻而易举的！每一个人想要成功都不是容易的，都必须要付出努力，坚持不懈才行。

卡卡的小问题

1. 玛丽为什么病倒？

2. 身体恢复后，玛丽又是怎样学习的？

第六节 获得亚历山大奖

1893年7月，玛丽参加了物理学学士学位的考试。在二十多人的考场里，她精神紧张，觉得字在自己的眼前跳动，以至于几分钟都不能集中精力看考题。

这一天，要按成绩优劣依次宣读考上的人的名字。在大阶梯教室里，等待考试结果的人们恭候主考人的到来。

主考人进来的时候，教室里一下子安静下来，玛丽听到主考人念到的第一个名字，居然是自己："玛丽·斯可罗多夫斯卡！"

听到自己的名字，玛丽一时间手足无措。同学们都来表示祝贺，玛丽却在同学们的祝贺声中跑开了，没有人能想象到当时的她有多么的激动。

卡卡的作文素材

玛丽刻苦的学习终于有了结果。

玛丽不仅在为自己的好成绩感到高兴，更令她感到高兴的是，她马上就可以回波兰了，马上可以准备回家了！

几天之后，玛丽便踏上了回家之路。回家的路和来时的路是一样的，同样的四等火车、同样的乘客、同样的旅程……不一样的是，这次是回家，上次是离开家。

一路上，玛丽都在想象家中的情景。一下火车，玛丽便跑回了家。

见到女儿回来，父亲斯可罗多夫斯卡非常开心，整天和玛丽有着说不完的话。

半个月之后，斯可罗多夫斯卡问玛丽："现在你已经学成回家了，下一步的打算是什么？”

玛丽本来还想再花一年多时间取得一个数学学士学位，为自己今后的科学研究工作打下一个良好的基础，可是她的学费已经全部用完，不忍心再让年迈的父亲为难了。为了帮她求学，父亲放弃了生活中的种种享受，玛丽觉得十分惭愧。她实在是无法再回到巴黎了！

或许是上天在眷顾这位优秀的女孩！正当玛丽准备放弃再去巴黎的希望时，奇迹出现了，她得到了一笔总数有六百卢布的奖学金！

这是她的好朋友迪金斯卡小姐为她争取到的一笔很不容易得到的“亚历山大奖学金”——这个奖学金是专门奖给在国外学习成绩优秀的学生的，让他们能在国外继续深造。

在索尔本上学的时候，迪金斯卡小姐就是玛丽的保护伞，让她免受那些自作多情的男大学生们的大献殷勤之苦。

现在，她又向有关机构努力陈述玛丽必须得到这笔奖学金的理由——如果这笔奖学金不给玛丽，那波兰就没有人有资格享用它了！如果玛丽因得不到这笔奖学金而辍学，那将是波兰的损失！

卡卡的作文素材

玛丽不懈的努力使她得到了应有的奖励。

最后，发放这笔奖学金的部门被迪金斯卡小姐说服了，同意给予玛丽“亚历山大奖学金”。

当玛丽得知自己获得了这一意料之外的奖学金时，真是喜出望外。她可以再在巴黎度过十五个月，直到拿到数学学士学位为止了。

玛丽满心喜悦地重返索尔本，见到了迪金斯卡小姐。见到迪金斯卡小姐的那一刻，玛丽真是又激动，又兴奋！如果上一次来索尔本，是由于父亲和姐姐的大力支持；那么这一次，就要归功于这位好友的全力帮助了。

由于这次有了不菲的生活费，在好友的劝说下，玛丽为自己找了一套条件较好的住房。之后，她就又投入到了繁忙的学业当中。

玛丽完全沉浸在科学研究中，她觉得奇怪：怎么会有人觉得科学枯燥无味呢？有什么东西比支配宇宙的定律更引人入胜呢？自然规律的和谐及微妙使小说显得多么空虚，神话显得多么缺乏想象力啊！

1893 年 9 月 15 日，玛丽从巴黎写信给约瑟夫，向约瑟夫诉说了自己的心情：

> 我已经在一条干净的、秩序良好的街上，租好了我的住屋，租金是一百八十法郎一年……比起我以前的租房，这儿简直是一座宫殿。
>
> 又离开父亲确实使我感到难过，不过我能看出他老人家很健康，可以暂时不需要我，尤其是因为你住在华沙，而我的一生都将决定于在这里的学习……
>
> 因此，我觉得还可以再留在这里，无需感到内疚。今天我要开始布置这一年里我要住的小地方，我要把家具整理好，其实那些被我称为“家具”的东西，加在一起还不值二十法郎。

小记者卡卡的访问感言

机会垂青那些刻苦努力，为梦想坚持不懈、奋斗不息的人。

卡卡的小问题

1. 玛丽是在谁的帮助下获得了“亚历山大奖学金”？

2. 玛丽获得“亚历山大奖学金”后开始了什么样的生活？

《名人名言》

在成名的道路上，流的不是汗水而是鲜血，他们的名字不是用笔而是用生命写成的。

——居里夫人

人要有毅力，否则将一事无成。

——居里夫人

精神的浩瀚，想象的活跃，心灵的勤奋，就是天才。

——狄德罗

对搞科学的人来说，勤奋就是成功之母。

——茅以升

聪明的资质、内在的干劲、勤奋的工作态度和坚韧不拔的精神，这些都是科学研究成功所需要的其他条件。

——贝弗里奇

像母亲有时为她所分娩的亲爱生物而牺牲一样，我们就不应该爱惜自己，就应该准备为它的成功而捐弃我们的生命。

——左拉

国家之前进在于人人勤奋、奋发、向上，正如国家之衰落由于人人懒惰、自私、堕落。

——斯马尔兹

努力学习，勤奋工作，让青春更加光彩。

——王光美

在寻求真理的长河中，唯有学习，不断地学习，勤奋地学习，有创造性地学习，才能越重山跨峻岭。

——华罗庚

聪明在于勤奋，天才在于积累。

——华罗庚

在天才和勤奋之间，我毫不迟疑地选择勤奋，它几乎是世界上一切成就的催生婆。

——爱因斯坦

所谓天才，那就是假话，勤奋的工作才是实在的。

——爱迪生

天才是百分之一的灵感加上百分之九十九的汗水。

——爱迪生

没有加倍的勤奋，就既没有才能，也没有天才。

——门捷列夫

所谓天才人物，指的就是具有毅力的人，勤奋的人，入迷的人和忘我的人。

——木村久一

小记者卡卡有话说

同学们，你们知道居里夫人是怎么与丈夫皮埃尔·居里结识的吗？你们知道他们的共同信仰是什么吗？读完这章，相信你们会跟我一样羡慕这对志同道合的伴侣的！

第四章　玛丽与皮埃尔

第一节　初识皮埃尔

当玛丽再次出现在索尔本大学物理实验室时，李普曼教授高兴地对她说：“你回来得正好，这个实验室很需要你。你还可以像以前那样继续工作下去！”

听到教授的鼓励，玛丽感到由衷的高兴，原先的焦虑和苦恼刹那间荡然无存。李普曼教授知道玛丽在经费上有困难，就让玛丽参加了一项有经费的课题研究，以补充她学习费用的不足。

当时，钢铁和机械工业正如日中天，汽车工业、电力工业、铁路运输工业等都在加速发展；美国通用电气公司成立了，西伯利亚铁路动工了……社会对于钢铁的需求数量和质量达到了空前的程度。但钢铁的磁化却严重阻碍了机械工业的发展。于是，法国工业促进协会请求李普曼教授研究一个重要课题——各种钢铁的磁性性质。

卡卡的作文素材

名人的成功之路并不平坦，往往一波多折。

玛丽很高兴自己有机会参加由李普曼教授领导的科学研究，

因为这是提高自己科学研究水平的最好途径。但是，当时面临一个困难，就是没有适合的实验室供她使用。

玛丽又一次时来运转。正当她在为实验室发愁的时候，瑞士福利堡大学的物理教授科瓦尔斯基来巴黎做学术访问。

科瓦尔斯基教授是波兰人，从小就认识玛丽，所以很关心玛丽的学习近况。

当玛丽把自己的困难告诉他之后，这位教授给她想了一个办法："我想起来了，我认识一位在理化学校工作的年轻教授，他是一位很出色的物理学家，而且乐于助人，很富有同情心。他一定可以帮助你，他的名字是皮埃尔·居里。"

卡卡的作文素材

幸运之神会眷顾每一个执着追求梦想的人。

"皮埃尔·居里？"这是玛丽第一次听到这个名字。

"对！这样吧，明天晚饭后你到我家来喝茶，我把皮埃尔·居里也叫来，你们当面谈一下，好吗？"科瓦尔斯基教授说。

玛丽接受了这个建议。

第二天晚上，玛丽便和皮埃尔在科瓦尔斯基教授家里见面了。

▲皮埃尔·居里

在玛丽面前出现的是一个高个子青年人，穿着肥大而过时的服装，棕色的头发下有一双温和而熠熠发光的眼睛。他静静地靠在阳台门旁，表现出一种罕见的才智和个性。

后来，玛丽写道：

当我走进公寓时，皮埃尔·居里正站在阳台门旁一扇窗前的角落里。他看起来很年轻，虽然事实上他已经35岁了。

引起我注意的是他眼睛中流露出的那种坦率的表情，以及他高高的个子所显示出来的那种没有什么矜持的风度。

我喜欢他那种从容不迫的谈话方式，我也喜欢他的淳朴，以及他既严肃又充满朝气的笑容。

我们开始谈论科学……

在皮埃尔眼里玛丽则是一位严肃认真的年轻姑娘，她不仅体态优美，连那柔软的卷发、灰色的眼睛、宽大的前额也显得十分可爱；甚至连她那双散发着化学药品气味的手，都对皮埃尔很有吸引力。

如果说两人见面后，玛丽对皮埃尔有好感，那么皮埃尔这位从来拒姑娘于门外的男子，却一开始就被玛丽深深吸引住了，当然其中也夹着相当大的好奇心：这位姑娘在巴黎苦读是为了什么?

他们两人很愉快地谈起了彼此都感兴趣的科学研究问题。玛丽那种不懂就问的态度，和她那谦虚求知的品性，使皮埃尔感到轻松、愉悦，并由此产生了一种尊敬。

这位很少在姑娘面前说话的人，竟侃侃而谈，尤其是当他发现他用一些专用学术语言或数学公式谈自己的工作时，玛丽越来越兴奋，皮埃尔感到这个姑娘非同一般。他还惊讶地发现，她甚至能够敏锐地发现一些细节上的问题，并与他讨论。

当皮埃尔在不知不觉中流露出惊讶时，玛丽揶揄地说：“先生，我不明白，‘妇女能力有限’这种奇怪的见解您是从哪儿学到的？”

皮埃尔觉得事情变得多么古怪：他，一位专心致志的学者，竟在一位年轻姑娘面前大谈艰深的物理学问题！而且还郑重其事地！

皮埃尔虽然觉得有些荒谬，但他仍然高兴地说下去。

当玛丽端起杯子喝茶时，皮埃尔看见她的手指变了形，他明白这是实验室的强酸灼伤的结果，他被深深地感动了，突然改变了话题，问道：“您要住在法国吗？住很久，还是永远住下去？”

卡卡的作文素材

玛丽对自己的专业投入了全部的精力，经历了常人无法想象的苦难。

玛丽被这突然转变的话题弄得有点发懵，过了好一会儿，她才说：“今年夏天考试结束后，我就回到华沙去。我想秋天再回巴黎，但不知道能不能够做到。将来，我要在波兰当教师，波兰人没有权利抛弃自己的国家。”

这时，科瓦尔斯基夫妇也加入了他们的谈话，于是，这三个波兰人开始谈及波兰的屈辱和他们义不容辞的责任。

皮埃尔发现玛丽在谈到波兰的未来时十分激动，认为自己对波兰的复兴有着不可推卸的责任。这使皮埃尔感到生疏而不可理解。

这位在自由国度成长起来的学者，认为科学家唯一的责任就是关心科学事业的进展，一切与科学无关的事情都不应该过问，可这位天赋很高的玛丽小姐却要去阻止沙皇的暴政。皮埃尔的世界很大，但也很小，对科学以外的事情他以前很少去考虑。

小记者卡卡的访问感言

名人的成功从来都没有一帆风顺，他们忍受了常人难以忍受的苦难，才会取得最终的胜利。

卡卡的小问题

1. 玛丽经过谁的介绍认识了皮埃尔？

2. 玛丽对皮埃尔的印象如何？

第二节 产生好感

皮埃尔比玛丽大 8 岁，1859 年 5 月 15 日出生在巴黎，他的父亲是一位医生。居里医生在行医养家糊口之余，还非常热衷于科学研究，经常在巴黎博物馆的实验室里做一些医学研究。

皮埃尔从小就喜欢独立思考，富于幻想。居里医生很懂教育心理学，知道如果让皮埃尔进学校读书，他一定不会是好学生，相反还会损害他的自尊心和智力。

居里医生让皮埃尔接受了一种所谓的“自由教育”，先让他在家里跟自己学，然后再请一位很优秀的教师教他。这种特殊的教育方法非常有效，皮埃尔 18 岁就成了理科学士，19 岁成了索尔本理学院一位教授的助手。

卡卡的作文素材

玛丽的丈夫也是个“天才式”的人物。

1882 年，当 15 岁的玛丽正就读于华沙一所公立高中时，23 岁的皮埃尔已被任命为巴黎市理化学校的物理实验室主任了。

1880 年，皮埃尔和他的哥哥雅克·居里发现了晶体的“压电效应”，即某些不对称的晶体在外加压力的作用下，由于极化而使其两端表面出现电势差的现象，这是“正压电效应”。

后来他们继续这一实验，确定了产生压电效应的条件和变化规律，并于 1881 年发现了这一效应的逆效应。

除此之外，他们还根据压电效应制造出非常精密的静电计，用以准确地测量非常微小的电量。

皮埃尔在日后的研究中，又有许多卓越的发现，比如：居里精密天平、居里定律、居里温度等。他还对磁学进行研究，发现了铁磁材料的磁性随温度变化的性质。

美国物理学家塞格雷曾高度评价皮埃尔所作的贡献，他写道：

> 皮埃尔是第一个把今天我们称之为“群论”的概念引进物理学领域的人，这些概念包括极矢量和轴矢量之间明确的区别，以及对称性在决定什么现象可能发生时的重要性……他的观点的重要性已与日俱增。在1894年初他遇见玛丽·斯可罗多夫斯卡时，早已有了很高的科学声望了。
>
> 开尔文勋爵格外赏识他的才干。开尔文勋爵是英国著名物理学家、热力学奠基人之一，在1890—1895年担任过伦敦皇家学会会长，他在任会长期间与皮埃尔有密切来往。

1894年，皮埃尔已经35岁了，但他仍然单身一人，没有结婚。他之所以成了“大龄青年”，主要是由于他过度沉迷于做学问，害怕因为结交女朋友耽误了他做研究的大事。

但是，在4月一个春意浓浓的夜晚，他意外地遇见了玛丽小姐，从此，一个以前从未料想过的神奇世界，在皮埃尔面前敞开了大门……

皮埃尔非常愿意去拜访玛丽小姐，而且他惊讶地发现自己越来越迷恋这位波兰姑娘了。几天不见，他居然会坐卧不安。

有一次，皮埃尔打算将刚刚出版的《论物理现象中的对称性原理》一书送给玛丽，以此作为见到玛丽的借口。

皮埃尔在扉页上工整地写道："著者皮埃尔·居里谨以尊敬和友谊赠送给斯可罗多夫斯卡小姐。"然后，他以送书为托词，到李普曼的实验室去找玛丽。

收到了皮埃尔送给自己的书，玛丽异常地高兴。玛丽天生对图书有一种无止境的喜欢，更别说这本书了。因为，她对这本书的作者感觉良好。

当然，皮埃尔也得到了回报：玛丽允许他到她的小房间去做客。皮埃尔觉得这可不是一般的允诺了，不由得一阵欢喜。

卡卡的作文素材

玛丽简陋的生活条件感动了所有人。

当皮埃尔看见玛丽的房间那么狭小、简陋时，心中十分难过。皮埃尔也是一个不喜欢刻意追求物质享受的人，但他没有想到玛丽的生活竟然会如此贫困，简直让人无法想象！

他问玛丽："这些年，你是怎么生活过来的？"

"啊，我每月有 100 法郎，每天可以用 3 个法郎……"

"100 法郎一个月？这么一点钱怎么能够你支付房租、伙食……"

"你少见多怪了，其实我的生活并不像你想象的那么糟。我很少待在家里，整天都在实验室，或者去大学听课；晚上我到图书馆去，一直到 10 点才回家。因此，我只需准备少许照明用的煤油就行了。"

当皮埃尔了解到玛丽的生活窘境，决定帮她找一份工作。

小记者卡卡的访问感言

越是在艰苦的环境中，越能激发出一个人的斗志，越能做出成绩。

卡卡的小问题

1. 皮埃尔是怎样一个人？他做出了哪些贡献？

2. 皮埃尔为什么要帮助玛丽？

第三节 找到志同道合的伴侣

皮埃尔虽然还是不大理解玛丽是怎么过日子的，但是，他知道她有一种不同寻常的信仰和自信心，是一位了不起的女性，令人肃然起敬。

第二天，皮埃尔便带着玛丽去找理化学校的校长舒琴柏克先生，请求让她在自己的实验室里做些实验工作。

“舒琴柏克先生，我想让这位玛丽小姐到我的实验室工作，您看可以吗？”皮埃尔表明了自己的来意。

舒琴柏克先生听说过玛丽的名字，再加上自己很器重皮埃尔，便毫不犹豫地答应了他的这个请求：“可以！”

于是，玛丽和皮埃尔就可以天天在实验室里见面了。玛丽十分珍惜这来之不易的机会，每天都来得很早，尽心尽力地工作着。如果遇到什么问题，她就会主动向皮埃尔请教，如果一时间解决不了，她就去图书馆查阅资料。

> **卡卡的作文素材**
>
> 对来之不易的机会，玛丽十分珍惜。遇到不懂的问题，她便会主动学习。

▲玛丽和皮埃尔在实验室

除了完成自己的工作之外，玛丽还会给皮埃尔帮些忙。作为回报，皮埃尔经常约玛丽一起吃饭。

之后的日子里，不管是在实验室，还是在食堂，或者实验室外面的小花园里，人们都能看到他们两人的身影。

他们在一起的时候，每次都有新鲜的话题。对于玛丽来说，皮埃尔既是老师，也是同事，更是亲人。每当皮埃尔给她讲述一些科学新发现的时候，玛丽就是一名小学生，静静地听着；当玛丽为皮埃尔提供帮助的时候，他们之间又变成了同事；当皮埃尔对玛丽表示关心的时候，皮埃尔则成了玛丽的亲人。

随着时间的推移，他们之间的情谊也逐渐由“浅蓝”转变为“深蓝”。皮埃尔虽然并没有向玛丽表白，可是通过这段时间的接触，玛丽知道在他们两人之间已经产生了一种微妙的感情。而且，这种感情不需要直白的表达，有时候，只要一个眼神，他们就知道对方要表达什么意思。

6 月份的一个星期天，皮埃尔将玛丽带到了父母家。皮埃尔的父亲居里医生也是高个子，深蓝的眼睛炯炯有神。

听皮埃尔说，父亲脾气有些暴躁，但人很聪明，而且非常善良；母亲体弱多病，不过仍然有精力操持家务，居里医生在她的妥帖照顾下生活得相当愉快。

这一次的见面，让居里医生喜欢上了自己未来的这位“儿媳妇”。虽然儿子没有明确表明他和玛丽之间的关系，可是，从儿子的紧张程度上，老居里看出儿子恋爱了。

玛丽丰富的学识让居里医生大开眼界，他没想到，在这样朴素的外表之下，还隐藏着一颗对科学的探究之心。

居里医生将玛丽带到了自己的书房。看到书架上的一本本图书，玛丽发出了由衷的感慨！这个书房和以前她见过的都不一样，这个书房里陈列的都是关于物理、化学方面的书籍。玛丽也因此明白了皮埃尔的知识是从哪里来的。

卡卡的作文素材

为了得到更多的知识，玛丽经常来居里医生家看书。

老居里承诺，只要玛丽想看，随时都可以过来挑选。看到自己受到这样的优待，玛丽真是受宠若惊。

从那以后，玛丽便成了居里家的常客，有时候，即使皮埃尔不在家，她也会来到这间书房，徜徉其中。

玛丽惊讶地发现，这个家庭与她的家庭竟然极为相似——只要将某些细节稍加改变——居里的家就俨然成了斯可罗多夫斯卡的家。

两个家庭都重视对文化、科学知识的追求，都热爱大自然，都有和睦的家庭，也都有家庭成员间睿智、幽默的谈话……玛丽非常喜欢这个家庭，两位老人也承认玛丽是一位“了不起”的姑娘。

送走玛丽之后，皮埃尔征求了父母的意见。“玛丽是个不错的姑娘，好好珍惜！”父亲说了这样一句话。皮埃尔知道，自己和玛丽的事情父亲是不会反对的了，悬着的一颗心终于放下了。

1894 年 7 月，玛丽按计划以优异的成绩通过了数学学士学位的考试。看到自己在这一阶段的学习任务终于顺利完成了，玛丽非常开心！

可是，一想到考试结束后就要离开学习了 3 年的巴黎，离开认识了 3 个月的皮埃尔，玛丽心中一阵酸楚。

玛丽还是按照原来的计划，每天都要来一次实验室，这时候的她才发现，自己原来是这么舍不得离开皮埃尔。

玛丽离开巴黎的时候，皮埃尔来送她。皮埃尔本来有满肚子的话想对玛丽说，可是又不知从何说起。

临分手的时候，皮埃尔郑重、深情地对玛丽说：“你要答应我，10 月份一定回来。你如果留在波兰就不能继续研究了，你现在没有权利抛弃科学。”

玛丽心里很乱，各种思绪纷至沓来：“我……自己也不知道能不能答应你。”

“我有信心，你一定会回来的，巴黎的实验室需要你，我……”皮埃尔满含深情地说。可是最后的几句话，却被火车的汽笛声湮没了。

皮埃尔向玛丽挥挥手，若有所失地望着火车在“轰隆”声中远去，直到它消失在远处的建筑物后面……

小记者卡卡的访问感言

玛丽的生活条件一点点好起来，她对科学的追求依然执着。

卡卡的小问题

1. 什么让玛丽和皮埃尔紧紧连在了一起？

2. 玛丽为什么成了居里医生家的常客？

第四节 结为连理

皮埃尔说得不错，巴黎实验室的确需要玛丽，日后她为法兰西共和国（当然也为波兰）增添的无上荣光就充分证实了这一点；而皮埃尔也终于在 1894 年的 10 月份与自己的心上人——玛丽再次在巴黎相聚。

1895 年是皮埃尔的双丰收之年。

爱情的力量是巨大的！在玛丽的督促下，皮埃尔克服了单身男子惯有的懒散的毛病，抓紧时间，完成了他的博士论文《在各种温度下物质的磁性》的写作。

3 月份，皮埃尔的博士论文顺利通过，然后，他立即被任命为理化学校的教授。

当了教授之后，皮埃尔更忙了。刚开始的时候虽然课时不多，可是，为了上好每一节课，皮埃尔需要花费一定的时间备课，而且，有时候遇到好问的学生，他还得抽时间进行个别辅导。

这时候，玛丽便成了皮埃尔的左右手。玛丽不仅帮他收集资料，还对他的生活多了更多的关心。

回到巴黎一年之后，玛丽经过认真的考虑，肯定了自己和皮埃尔之间的感情，她觉得自己和皮埃尔已经是分不开了，便答应了皮埃尔的求婚。

皮埃尔和玛丽结婚的消息不胫而走，大家都向这一对年轻的夫妇表示祝贺。德鲁斯基大夫的母亲决定送给玛丽一件礼物。

“玛丽，马上就要当新娘子了，我想送你一件衣服作为礼物。你说说自己喜欢什么样的？”德鲁斯基大夫的母亲说。

玛丽欣然接受了老人的一番心意。她说：“我只有每天穿的这一件衣裳。我想要一件深颜色的、实用的，将来我还可以穿着它到实验室去。”

德鲁斯基大夫的母亲找来了一个当地最有名的裁缝——格莱夫人，在布罗妮娅的指导下，给玛丽缝制了一套海军蓝的毛料衣裳和一件蓝底浅蓝纹的上衣。玛丽穿上显得既美丽又年轻。

结婚那天，玛丽梳好了她那极可爱的头发，穿上她的结婚衣服，……没有婚纱，没有金戒指，没有“喜宴”，没有宗教仪式……也没有公证人，因为这对夫妇除了前一天用一个表亲寄来的礼金买了两辆崭新的自行车外，几乎一无所有。那一年夏天，他们就骑着那两辆自行车在乡间漫游。

卡卡的作文素材

居里夫妇的婚礼办得十分简单，她对物质的要求低于常人。

他们的婚礼简单得不能再简单了。在以后快乐的日子中，他们结成了一种男子和女子间的最美丽的联系。两颗心共同跳动，两个天才共同创造科学界的奇迹。

▲居里夫妇

事实证明：玛丽只能嫁给这个大物理学家，只能嫁给这个聪明而且高尚的人；而皮埃尔也只能娶这个金色头发的、温柔活泼的波兰女子。他们是同伴，是配偶，是爱人，也是学者。

接下来，好消息一个接一个地扑向这对年轻的夫妇。

1896 年 8 月，玛丽通过了大学毕业生担任教师的资格考试，并取得了第一名的好成绩。皮埃尔很为玛丽感到骄傲，作为奖赏，他带她游历了整个法国。

随后，玛丽在舒琴柏克的支持下，在理化学校谋得了一个职位，与皮埃尔一起在实验室里工作。

1897 年的一天，玛丽发现自己怀孕了。得知这一消息时，皮埃尔简直惊呆了——又一个小居里要出生了！当居里医生夫妇知道自己快要做爷爷奶奶的时候，更是喜上眉梢。

接下来的日子里，玛丽的饮食起居受到了家人的关注。可是，玛丽一刻都没有放弃对科学的追求。在玛丽怀孕期间，完成了论文《淬火钢的磁特性》，这显然是李普曼教授原先那个课题的研究方向。

这项研究告一段落后，玛丽还有两个任务需要完成：第一，她要做妈妈了；第二，她需要寻找一个合适的博士论文研究课题。

相比较而言，恐怕第二个任务更艰难。对于科学研究者来说，选择正确的研究课题至关重要。有人说：方向选择对了，就成功了一半。这话颇有道理。

好在此时正是 19 世纪和 20 世纪之交，正处于激动人心的科学时代，有才干的人寻找研究方向并不太为难。

这一年，玛丽 28 岁，皮埃尔 36 岁。

9 月 12 日，居里夫人的大女儿出生了。他们给这个宝贝取名为伊伦娜·居里。

小记者卡卡的访问感言

一个人的高贵并不在于财富的多少，而在于精神的伟大。要想获得人们的尊重，就要用实干家的精神，投身于自己的事业中。

卡卡的小问题

1. 居里夫人的婚礼隆重吗？

2. 婚后的居里夫人又着手开始了哪些工作？

《名人名言》

我们波兰人，当国家遭到奴役的时候，是无权离开自己的祖国的。

——居里夫人

一个人可以非常清贫、困顿、低微，但是不可以没有梦想。只要梦想一天，只要梦想存在一天，就可以改变自己的处境。

——奥普拉

不要怀有渺小的梦想，它们无法打动人心。

——歌德

人的理想志向往往和他的能力成正比。

——约翰逊

一个人的理想越崇高，生活越纯洁。

——伏尼契

世界上最快乐的事，莫过于为理想而奋斗。

——苏格拉底

如果一个人不知道他要驶向哪个码头，那么任何风都不会是顺风。

——小塞涅卡

抱负是高尚行为成长的萌芽。

——莫格利希

在理想的最美好世界中，一切都是为最美好的目的而设。

——伏尔泰

人的活动如果没有理想的鼓舞，就会变得空虚而渺小。

——车尔尼雪夫斯基

凡事以理想为因，实行为果。

——鲁迅

一个人一天也不能没有理想，但凭侥幸，怕吃苦，没有真才实学，再好的理想也实现不了。

——张华

检验一个人的理想之果如何，不是看他从社会上得到什么，而是看他给了人类什么。

——王伯勋

理想是需要的，是我们前进的方向。现实有理想的指导才有前途；反过来，也必须从现实的努力奋斗中才能实现理想。

——周恩来

理想是人生的太阳。

——德莱赛

漫画展示厅

意志坚强是名人挑战成功的重要武器

玛丽盼来了沥青铀矿。

玛丽从这些沥青铀矿中看到了希望，不在意自己的手伤。

玛丽每天都在干着超负荷的工作。

试验中，玛丽要经受高温的考验。

这种工作简直是一种折磨。

玛丽忍受着硫化氢的刺激。

为了早一天得出结果，居里夫妇没日没夜地工作着。

玛丽对自己的发现非常吃惊。

玛丽和丈夫聚精会神地观察着。

看到了自己的“宝贝”，玛丽激动极了。

皮埃尔的身体出现了问题。

皮埃尔的沮丧，让玛丽出现了一些反常状态。

实现远大理想，需要坚强的意志。

小记者卡卡有话说

同学们，你们想知道居里夫妇是在多么艰苦的条件下提炼出镭的吗？你们知道居里夫人为了事业错过了什么吗？读完这章，你们会跟我一样受到震撼！

第五章　镭的提取

第一节　放射性新元素的出现——镭

1898 年的 9 月份，居里夫妇又回到了那间小小的实验室，以新的热情亟不可待地投入到继续寻找新元素的工作中。但这时却发生了一件让玛丽感到伤心难过的事情。

姐姐布罗妮雅和德鲁斯基大夫决定回波兰去，在波兰南部喀尔巴际山麓的一个地方开办一所肺结核病疗养院。他们和玛丽一样，时刻不能忘记自己的祖国，因此决定回去为改善波兰人民的生活贡献自己的一份力量。

玛丽虽然感到难分难舍，但心中仍然为姐姐、姐夫的选择而感到骄傲。

1898 年 12 月 2 日，玛丽在给布罗妮雅的信中写道：

> 你想象不到你给我留下的空虚之感。你们两个人一走，除了我的丈夫和小孩以外，我对于巴黎一无留恋；而且除了我们的住房和我们工作的学校之外，现在我似乎觉得巴黎已经不存在了……

卡卡的作文素材

居里夫妇一直过着勤俭节约的日子。

这时，居里夫妇正在为寻找另一种放射性新元素而殚精竭虑，除此之外，居里夫人还得非常用心地照料女儿。他们很穷，收入不高，得精打细算，才能让一家三口人正常地生活下去。她在一本食谱上写道：

> 我用 8 磅果子和等量的冰糖，煮沸 10 分钟，然后用细筛滤过，这样可以得到 14 罐很好的果冻，不透明，可是凝结得很好。

对于女儿的成长，年轻的妈妈也细心地做了许多记录。例如：

1898 年 10 月 17 日：伊伦娜已经学会走路，她不再爬了。

1899 年 1 月 5 日：伊伦娜有 15 颗牙了！

也正是在这期间，居里夫妇找到了第二种新的放射性元素。

1898 年 12 月 6 日法国的《论文汇编》上发表了他们的第二篇文章《论沥青铀矿中含有一种放射性很强的新物质》。在论文中他们写道：

> 在研究过程中，我们又发现了第二种放射性非常强的物质，其化学性质与第一种（即钋）完全不同。例如，钋在氨的作用下完全沉淀，而新发现的物质和钡的化学性质很相似，它不会在氨的作用下沉淀。用硫化氢、硫化铵或氨都无法使之沉淀。而且像

▲居里夫人发现镭和钋两种放射元素

> 钡一样，其氯化物溶于水，却不溶于浓盐酸和酒精。由它可得到钡的光谱，那是很好认的。但我们相信，这种物质尽管绝大部分由钡组成，但必定有一种产生放射性的新元素，其化学性质极其接近于钡。
>
> ……我们取得了这种物质的氯化合物，它们的放射性要比类似的铀化合物强900倍。德马尔赛对我们的新物质进行了光谱分析，发现了一条光谱线（3814. 8埃），这条光谱线不属于任何已知的元素。这条线的强度随着含这种物质较多的氯化合物放射性的增加而增加……

接着，居里夫妇有信心地写道："种种理由使我们相信，新的放射性物质中有一种新的元素，我们建议将它命名为镭。"

他们在文章中还给出明确的实验对照："钋和镭的放射性比铀和钍大得多。底版在钋和镭的作用下30秒即可得到极清晰的影像，而如果用铀和钍就要几小时才能得到同样的结果。"

镭的发现为科学家提供了比铀强几万倍的射线源，科学界对于放射线的研究突然变得十分活跃，这从有关放射线论文的增加即可看到这一变化。

按照德国文摘杂志《物理学进展》的统计，其增加情况如下：1896年7篇；1897年7篇；1899年18篇；1900年39篇。而且，1899年法国已获得工业处理镭原料的成功；到1900年，德国已制造出含镭的钡化物产品，在商业领域流通。

英国著名科学家卢瑟福也在烟草商巨富麦克唐纳的资助下，购买了新的强放射性物质，并展开了卓有成效的研究。

但人们对于居里夫妇的发现仍有很多非常谨慎的看法。

这是很正常的事情。正是因为人们提出了许多怀疑的问题，才使得放射性和钋、镭元素的进一步研究取得迅速进展。

在科学界有一种很不好的现象，不少科学普及作品和某些科学史专著，总喜欢千篇一律地把反对者、怀疑者描述成“顽固不化的”、“阻碍科学前进的”势力，甚至连爱因斯坦因不同意量子力学的诠释也背上这种恶名。其实，在科学研究中如果没有各种各样的反对者、怀疑者，科学是根本无法前进的。

对于新元素的发现，化学家更是素来谨慎。按照一般的习惯，一种新元素只有在看见了它、接触了它、称量过它，用各种酸加以对比，把它放进了瓶子里，并确定了它的原子量后，化学家们才会相信它的存在。现在没有一个人见过纯净的镭和钋，也不知道它们的原子量，因此抱怀疑态度的化学家不少；还有一些比较保守的化学家更明白地宣称：“没有原子量，就没有镭和钋。把它们的原子量测出来了，放在瓶子里让我们看见它们的纯品，我们就相信，否则无法相信！”

小记者卡卡的访问感言

很多人的失败，都始于怀疑自己在想做的事情上的能力。要想让自己获得成功，就要相信自己。

卡卡的小问题

1. 居里夫妇发现的放射性物质是什么？

2. 科学界为什么不承认居里夫妇的发现？

第二节 棚屋下的生活

物理学家们与化学家不同，他们关心的是放射性元素活动的规律，皮埃尔也是如此。天然放射性违背了几个世纪以来学者们建立起来的物理规律，因此他们是有怀疑的；持谨慎、观望的态度的人也不少。

为了平息各方面的怀疑乃至反对意见，对于居里夫妇来说，1899 年的任务就是设法提炼出纯净的钋和镭，并精确测出它们的原子量。

为了提炼出纯净的钋和镭，居里夫妇在此后的 4 年中进行了科学史上最艰难的拼搏。

从什么原料中提取纯钋和纯镭呢？这是他们首先要解决的问题。沥青铀矿的价格十分昂贵，而他们需要的量要以吨计，他们根本买不起。

不是可以申请科研经费吗？但皮埃尔知道，那几乎是不可能申请到的。这与法国的教育和科研体制有关。法国在对教育、科研进行了一番改革之后，官方插手干预进来，政府拨一定的款项资助教育、科研，本来对于法国教育和科研有很大推动作用，但随着权力的集中和扩大，腐败和官僚主义也开始盛行于教育与科研部门，尔虞我诈、勾心斗角和沽名钓誉的作风十分严重。像皮埃尔这样耿直、不喜欢溜须拍马的人，很难得到上司们的欢心。皮埃尔深知其中弊病，所以根本不做那种指望。

居里夫妇有他们的穷办法。他们想，沥青铀矿在提取了铀之后，其中所含的钋和镭肯定会被原封不动地留在残渣中，那么，利用沥青铀矿还是利用沥青铀矿矿渣，对于他们的目的来说，并没有任何不同。

矿很贵，矿渣总不至于很贵吧？但，这笔钱加上运输费，也是他们的微薄工资所承受不起的。

总算峰回路转，奥地利的一位教授从圣约阿希姆斯塔尔矿那儿为居里夫妇弄到1吨矿渣。矿方同意把贮存在一座松林中的沥青铀矿残渣，免费送给居里夫妇。

得到这条消息，居里夫妇开心极了。可是，圣约阿希姆斯塔尔矿在波希米亚，将矿渣从那儿运到法国，需要的运费也很多。他们从收入中挤一点钱出来，又从其他地方借了一些，支付了这笔运费。

接着，又一个问题接踵而来。原来，他们的小实验室放不下这1吨矿渣，这可怎么办？

舒琴柏克校长了解到这个情况之后，主动出面帮他们寻找合适的实验室。但没有一位学者愿意为这对贫困的夫妇提供帮助。最后，校长提出一个别无选择的办法：学校里有一个废弃不用的仓库，可以供他们使用。

校长歉意地说："虽然不是很理想的地方，但也只好如此了，总比没有强吧……"

那是一个怎样的"实验室"啊！恐怕现在的人很难想象出当时的实际情形。我们先看看两位得过诺贝尔奖的科学家是怎么描述的吧！

▲实验室的内景

德国化学家奥斯特瓦尔德在参观了居里夫妇的实验室后，难过而又愤愤不平地说：

> 在发现镭还没多久的时候，经过我的恳切请求，才被允许进去参观居里的实验室。居里夫妇那时出游去了。走进了实验室，我发现那竟是一所既类似马厩，又宛若马铃薯窖那般简陋的房子。如果不是在工作台上看到一些化学仪器，我真以为这是一个天大的恶作剧呢！

卡卡的作文素材

居里夫人正是在简陋无比的实验室里取得了不菲的成绩。

美国物理学家赛格雷描述得更为详细：

> 这个实验室就跟一间漏雨的棚房一样，冬天潮湿，而在温和的天气里就会感到非常之热了。它不具备任何一种现在认为不可缺少的化学实验室的条件，比如：化学实验室用的各种防护罩。从健康的角度出发，这里完全不适合做放射性化学实验。但是，在当时既没有人知道放射性的危险性，而他们也没有更好的条件。

居里夫妇完全被一种为科学献身的精神所激励。他们认为：这个被认为放死尸都不合格的棚子有一个最大的好处，那就是它那么破旧，那么没有吸引力，因此，绝不可能有任何人会不允许他们自由使用。居里夫妇这种纯洁的激情，足以令每一个人动容！

一天早晨，一辆载重马车停在娄蒙路的理化学校门前。皮埃尔和玛丽得到通知后，穿着实验室的工作服，不戴帽

▲居里夫妇也不是“书呆子”，骑自行车郊游就是他们最喜爱的运动

子就跑到外面来了。

皮埃尔仍然保持他一贯的平静态度，而玛丽看见人们辛苦地把那些口袋从马车上往下卸的时候，实在按捺不住自己的快乐。

这是沥青铀矿，是她的沥青铀矿！她兴奋极了，迫不及待地打开口袋看看她的宝贝。她把双手伸进那暗无光泽的棕色矿物，里面还夹杂有波希米亚的松针。

镭就藏在其中，玛丽要从这种像街上的土一样没有生气的东西里提炼出镭来，即使她必须炼制一座山那样高的原料，她也一定要做到。

小记者卡卡的访问感言

条件的简陋并不能成为放弃某件事情的借口，否则，事情注定是要失败的。

卡卡的小问题

1. 居里夫妇提取纯钋和纯镭遇到了什么麻烦？

2. 居里夫妇提炼镭的“实验室”环境如何？

第三节 纯钋和纯镭的艰难提取

皮埃尔此时仍然在理化学校任职，虽然他硕果累累，但却得不到提升。1898年初，巴黎大学本来空出了一个物理化学教授的席位，皮埃尔也曾申请补这个缺位，但却遭到了拒绝。

一位支持他的教授对他说："同你争夺这个教席的是一位高等师范学校的毕业生，再加上有些数学家也不同意你入选，你还能有什么办法？"

皮埃尔的数学水平的确不够让人赞美，他自己也认为在这方面赶不上玛丽。现在，矿渣运来了，皮埃尔决定停止使他入迷的晶体研究，与玛丽一起在那像马厩和马铃薯地窖的"实验室"里，为提炼镭而含辛茹苦地工作！

在恶劣的环境下，居里夫人像男人一样做着体力劳动。她和丈夫两人做了分工：皮埃尔身体不好，继续研究镭的特性；玛丽则负责从矿渣中提取纯的镭盐。

玛丽现在的工作是连男人做起来也嫌累的重体力活。每次，她都要把20公斤的矿渣（这是她能举起的最沉的重量）放进一个大锅里，用水加热直到沸腾，然后把这些沸腾着的溶液从一个罐子倒进另一个。

卡卡的作文素材

玛丽为实现自己的理想，付出了艰辛的劳动。

提炼需要硫化氢，而硫化氢是一种有毒的气体，那灼热的、有毒的、刺鼻的蒸气呛得她剧咳不止，眼泪也不停地流向两颊、颈上……可是，她根本没时间拭去泪水，还得赶紧用一根很沉的铁棒搅拌这些熔化了的矿渣。

▲存废料堆的仓库

他们没有通风罩，就把这道工序放到院子里露天进行。如果碰到雨天，他们只好把实验设备搬到室内，把门窗全部敞开，让空气流通，否则他们会被刺鼻的浓烟呛得无法继续工作。

点火、熔化、过滤、沉淀、倒出、再熔化……，居里夫人像一个锅炉工一样干着沉重的体力劳动。他们在为世界上最伟大的一次科学发现工作，但法国政府和科学部门却不肯给他们一点帮助。居里夫人真是累极了。

有时候，她会一整天都用一根与她等重的铁棒，搅动着一堆沸腾着的东西，到了晚上，她已经是筋疲力尽，连动也不想动一下了……

居里夫妇既没有钱，也没有实验室，而且没有一个人愿意帮助他们把这件既重要又困难的工作做好。

卡卡的作文素材

居里夫人有着坚强的个性，她从来不被艰苦的环境打倒。

居里夫人在自己的自传中写道：

真相是要由无中创出有来。假如我求学生涯中的几年是卡西尔·德鲁斯基从前说的“我的姨妹一生中的英勇岁月”，那么，我就可以毫不夸大地说：现在这个时期是我丈夫和我的共同生活中的英勇时期。

这真是人们永远不该忘记的“英勇时期”！居里夫人后来每次回忆起这段逝去的艰苦岁月，总说它是“我们生活中最美好的几年”。

但是，现实同时向他们显示了极其残酷的一面，美好的理想对这些残酷的现实也无可奈何。一段时间之后，皮埃尔开始感到全身疼痛，有时连起床和行动都感到困难。

医生诊断的结果是皮埃尔患了关节炎，医生认为是由棚屋的潮湿造成的。医生叮嘱他要节制饮食，不要吃肉，不要喝酒。

玛丽更惨，她面无血色，浑身无劲，有时像得了嗜睡病一样，整日昏昏沉沉的。

自从1897年老伴去世以后，老居里医生一直与他们住在一起。他看见玛丽的身体越来越差，就坚持要她去医院检查一下，怕她得了肺结核，她妈妈不就是患这种病去世的吗？居里夫人听从了这个建议，到医院去做了检查，结果证明她并没有得肺结核。

居里夫妇真是努力到了生命力的极限。皮埃尔一个月的工资只有500法郎，现在有了小孩，又雇了一个女仆和奶妈，他们几乎入不敷出，而且他们种种试图

▲一家三口

增加收入的努力都失败了。

有一天，皮埃尔在筋疲力尽的一天过去后，沉重地对玛丽说：“我们选择的生活是多么艰难啊……”

小记者卡卡的访问感言

居里夫妇在常人难以忍受的工作条件下，向成功又迈进了一大步。

卡卡的小问题

1. 居里夫人提炼镭的过程中付出了哪些代价？

2. 居里夫人如何描述这段经历？

第四节 诱人的机会

1900 年的初夏，忽然有一个十分诱人的机会出现在居里夫妇面前，这个机会是由瑞士日内瓦大学校长提供的。

一天，皮埃尔收到一封来信。由于白天忙着工作，皮埃尔没顾上看，直到晚上要休息的时候，才将信封打开，从里面取出一张信纸。信的内容是这样的：

经过研究，我校决定聘请您担任我们学校的物理学教授。如果您愿意，详细事宜面谈！

日内瓦大学校长

皮埃尔将信交给妻子，玛丽看了之后，说："教授，这样我们不是又有钱了？好！"

看到妻子开心地笑了，皮埃尔郑重其事地说："明天我就去和他们详谈。"

▲日内瓦大学一角

第二天，皮埃尔便收拾干净，赶到了日内瓦大学校长的办公室。校长热情地接待了他："这是担任物理教授的待遇，你先看看。"他边说边递给皮埃尔一份文件。

皮埃尔看到这份文件，顿时惊到了：年薪1万法郎，还有住房补贴；他将领导一个实验室，居里夫人还可以在这个实验室里有一个正式职位。

不过，皮埃尔并没有将自己的心情在脸上表露出来。

校长还许诺："一旦与居里教授谈妥之后，实验经费可以增加，并且可以增添两名助手；在考虑实验室的财力之后，实验室的仪器也可以置备齐全。"

天哪，这简直是天上掉下来的馅饼！年薪1万，有房补、实验室，经费足、仪器全，还有玛丽也可以正式安排职位……这在法兰西共和国，恐怕是做梦也想不到的啊！

回到家后，皮埃尔将这个好消息告诉了玛丽，玛丽搂着他不禁跳了起来。

"去不去？快说，去不去？"皮埃尔征求妻子的意见。

"当然去，这还有什么可说的！至少可以出一口恶气吧！"玛丽爽快地回答，再没有比这更令人兴奋的事情了。

很快，他们便将这个决定告诉了日内瓦大学的校长。

7月份，皮埃尔和玛丽两人一同去了瑞士。在那里，他们受到了瑞士同行的热烈欢迎。

但到了8月，他们又改变了想法。这要从玛丽的实验说起。

来日内瓦大学，虽然能够获得较好的生活条件，可是，玛丽慢慢发现，这种选择是不明智的。因为选择了这里，就意味着放弃对镭的研究。

"如果那样做，我们关于镭的研究就会功亏一篑。"居里夫人将自己的困惑告诉了皮埃尔。

卡卡的作文素材

为了坚持自己的理想，居里夫妇放弃了优厚的待遇。

“其实，刚开始的时候，我也想过这个问题。可是为了让你生活得好一些，我也就答应了。”皮埃尔回答说。

“你知道，我是不能放弃对镭的研究的！”居里夫人说。

经过一晚上的商量之后，居里夫妇最终做出了相反的决定。

他们最终没有离开巴黎前往日内瓦，与另外一个因素也有关系，那就是彭加勒的干预。

▲彭加勒

彭加勒当时被认为是世界数学界领袖人物之一，他在法国很有影响。当他听说居里夫妇要离开法国后，立即和同事们一起向有关方面陈述了其中的利害关系。结果皮埃尔顶替了索尔本附属的理化自然科学研究所的一个教学空缺位置，而居里夫人则被接纳到凡尔赛附近赛福尔女子高等师范学校执教，担任一、二年级物理课的教学工作。

在这所学校的历史上，还从来没有女性上过讲台，她是第一位。居里夫人一生中真不知占了多少个第一！

这样，他们在家庭收入方面就比以前强多了，至少不会再为超支发愁了。但他们的实验条件仍然没有丝毫的改善。

由于玛丽每周要去女子高师讲课两次，而且她的认真精神使她花费不少时间备课，这使得她比以前更忙了。

皮埃尔继续向有关方面争取更好的实验条件，他们有了更紧迫的感觉。因为国外有一些设备比他们好得多的实验室也正在做提取纯放射性元素的试验，如果他们的条件不能得到改善，而又为教学疲于奔命的话，说不定他们最终会落在国外科学家的后面，那几年来的拼死奋斗就会化为泡影。

卡卡的作文素材

居里夫人对自己要求严格。她不会顾此失彼，她面对任何工作都是一丝不苟的。

居里夫人在自传中伤心地写道：

> 进行过类似奔走的人，都知道在经济上和行政上遇到的那些困难，也清楚为了得到最小的好处必须写多少呈文，进行多少次拜访和申请。

皮埃尔·居里因此感到疲倦和沮丧。这种毫无效果或效果甚微的奔忙，不仅影响了他们的工作效率，而且也影响了他们的身体健康。

正在居里夫妇异常艰难地在法国拼搏时，他们最强劲的对手卢瑟福，正在加拿大麦克吉尔大学优越得多的条件下奋起直追。

1902 年 2 月 5 日，在“激战方酣”之时，卢瑟福在一封信中写道：

> 我眼下正忙于起草将要发表的报告，还要继续做新的实验。我不能停下来，总有一些人要想尽办法超过我。在这个领域里，我最强劲的对手是巴黎的贝克勒尔和居里夫

▲卢瑟福

妇。近年来，居里夫妇在放射性物质方面已经完成了一项极其重要的工作。

卢瑟福没有说错，居里夫妇正在做最后的冲刺，成功在望。

居里夫人用她自己创造的分步结晶法先从每吨沥青铀矿中提取10到20公斤的硫酸钡，再把硫酸钡变成氯化物。这些氯化物的含镭量大约是万分之三。

小记者卡卡的访问感言

一旦确立了目标，就要坚持。居里夫妇为了自己的目标放弃了诱人的待遇，注定会迎来事业上的成功。

卡卡的小问题

1. 1900年，居里夫妇得到了一个什么样的工作机会？

2. 面对这样诱人的机会，居里夫妇是如何决定的？

第五节 “宝贝”——镭

1902 年初的某一天，居里夫人终于把提炼出来的 1/10 克的纯净镭盐送到德马尔赛那儿，请他对提纯物是否纯净进行检验。

1902 年 3 月 28 日，她在记录本上兴奋地写下：

1Ra=225.93，即一个镭原子的重量。

当这几千次分步结晶的产物最终提炼出来时，居里夫妇已经精疲力竭（玛丽体重减少了 7 公斤），但他们的兴奋之情却是难于言表！

卡卡的作文素材

居里夫人一心扑在提炼镭的事情上，没有一刻不挂念。

这天夜晚，玛丽先上楼走进婴儿室，看看女儿伊伦娜睡着了没有。下楼后，她穿上衣服准备出门，皮埃尔知道她又想到实验室去看她的“宝贝”，于是也戴上帽子跟了出来。

外面漆黑一片，他们顺着几年来闭着眼也能走的路来到他们的棚屋，打开门走了进去。玛丽轻声说：“千万不要开灯……你瞧！”

“宝贝”就在他们面前的桌子上，一缕略呈蓝色的荧光在那儿愉快地闪耀着，宛若神话中的小仙子在黑暗中向她挥手致意。

“我的梦应验了……我曾多少次在梦中看见它熠熠发光，现在它果然发光了……”

两人找到一张有草垫的椅子坐下，面向那发出神秘荧光的地方。玛丽身体微向前倾，热切地望着小仙子体内流溢的寒光。

玛丽无声地抽泣起来，皮埃尔用手轻轻地抚摸着她的头发。他们俩就这样静静地坐着，看着那小仙女翩翩起舞……

居里夫人把最终测定的镭原子量，在法国科学院以《论镭的原子量》为题宣布了，科学界再也没有人怀疑镭的存在了。虽然纯金属镭还没有提炼出来，但镭有它的特征光谱，有确定的原子量，和它所特有的种种奇异特性，还有人能怀疑它不是一个新元素吗？

居里夫妇终于引起了法国和世界各国科学界的极大重视，在法国，他们两人一时成为巴黎各个豪华沙龙的中心话题。法国科学院立即拨款2万法郎，用于“提炼放射性物质”。

无孔不入的记者们也把目光瞄向了这两位贫困而卓越的科学家。

他们报道说：

> 神奇的、可以治疗癌症的镭，是由一位年轻的贤妻良母历经4年极其艰难的努力，才获得最终成功的——而那发现镭的地方竟是一间漏雨的破棚子！

这些报道像火把一样，瞬间点燃了巴黎人高度丰富的想象力，各种各样虽带着崇敬但极度夸张的故事不胫而走。

科学史早已告诉我们：当一项发现与治疗人类疾病

相关时，这项发现和它的发现人就越是容易在大众中造成轰动。

居里夫妇一夜之间成了1902年的明星。一份报纸上登出大幅广告：

> 本世纪最奇异的发现：
> 镭液
> 保护头发不再变白
> 根治秃顶不再脱发

居里夫妇的困境引起了他们许多朋友的难过和关注。里尔大学物理教授萨尼亚克曾写了一封感人肺腑的信给皮埃尔。信中写道：

卡卡的作文素材

居里夫妇的忘我工作使得身体每况愈下，朋友们都十分担心。

> 当我在物理学会遇到居里夫人的时候，我被她容貌的巨大改变震惊了。我知道她正在写博士论文，工作太辛苦，论文答辩后她一定会安安静静地休息一下。但是，她的身体实在太弱了，根本不能如此不顾一切地干，如果我像你们两人那样干，我恐怕早就倒下了。
>
> 我这样说是为了说服您，你们两人几乎都没吃过什么有营养的东西。我有幸同你们一起吃过一次饭，我发现居里夫人只吃两片香肠，喝了一杯咖啡。请想一想，这样下去，身体怎么能好得了呢……

朋友们不仅为他们的处境担心，而且出谋划策想改善他们的境遇。阿佩尔甚至请求皮埃尔做件好事，同意于1903 年 7 月 14 日被推荐为荣誉勋位团的一员。

阿佩尔还写信给居里夫人：

> 请您运用您的影响，让皮埃尔不要拒绝荣誉勋位的推荐。这件事本身的确并不重要，但是它会产生实际的效果——实验室、拨款等等，这才是最重要的。

▲居里夫人的实验室

但刚正不阿，不愿意阿谀献媚、曲意逢迎的皮埃尔坚决不干，他回信给阿佩尔说：“请您代我向部长致以谢意，并请转告他，我不需要勋位，我最迫切需要的是一个实验室。”

小记者卡卡的访问感言

在困难面前，人人都是平等的！如果你能够坚持下来，就能够战胜它，反之，只能被打败！

卡卡的小问题

1. 居里夫妇是如何发现“镭”的？

2. 居里夫妇的发现得到法国科学界的认可了吗？

第六节 父亲的离世

就在居里夫妇取得辉煌成就的时候，1902 年 5 月从华沙传来噩耗，说玛丽的父亲因胆囊开刀出了意外，要玛丽马上赶回华沙。

玛丽心急如焚，恨不得立即回到父亲身边。她欠父亲的太多了！

可是，当时，玛丽正忙于手头的一个实验，如果提前离开，就等于半途而废，所有的数据就得重新算一遍。最终居里夫人决定，先将实验做完。

卡卡的作文素材

居里夫人深爱着自己的父亲，但她更放不下工作。

可是，后来居里夫人又遇到了麻烦。办理出国护照手续繁多，等了好几天她才坐上东去的火车。玛丽知道她可能无法见到父亲最后一面了，就急忙发了一封电报给家里，求家人无论如何等她回华沙后再下葬。

哥哥、姐姐们听从了妹妹的这一要求，玛丽赶到家中时，见到了已放进棺材的父亲，父亲那毫无表情的脸似乎因为在临死前没有见到小女儿而万分遗憾。

玛丽一头扑到父亲的身上，失声痛哭起来：“爸爸，请您饶恕不孝的玛丽吧！我不该成为法国人，我为什么要留在法国……我一毕业就该马上回到您身边和您一起生活，照料可怜的爸爸……我早就期盼着这一天，但我却硬着心肠没有做到这一点……请爸爸原谅我吧……原谅我这不孝的女儿吧……”

哥哥和姐姐们好不容易才把玛丽从父亲身边拉开，并且劝说道："当爸爸知道你给你发现的第一个元素取名为钋时，爸爸高兴得流了泪，和我们一起举起葡萄酒干杯，还高喊'波兰万岁'呢。""玛丽，你看看爸爸临终前给你留下的信吧！看了信你也许就不会那么伤心了。"

玛丽拭去眼泪，从姐姐手中接过信，默默念着那用颤抖的手写出来的字。信上写道：

> 你现在有纯镭盐了！若是计算一下所费的劳力，这确是化学元素中最贵重的元素了。但这件工作似乎还只有理论上的价值，实在是太可惜了。
>
> 华沙没有什么新鲜事，天气温和，仍很清凉。现在我必须回到床上躺下，因此我将结束这封信，并且亲切地拥抱你……

斯可罗多夫斯卡先生如果再多活 1 年零 7 个月，他就会知道他的女儿为波兰人争得了更大的光荣——获得 1903 年诺贝尔物理学奖！到那时候，他该会多么自豪、多么高兴啊！上帝对于斯可罗多夫斯卡先生的怜悯，似乎是太吝啬了一点。

卡卡的作文素材

居里夫人的父亲没有等到居里夫人获得诺贝尔奖就离世了。

父亲的离世给了玛丽沉重的打击。回到巴黎后，玛丽的身体迅速垮了下去。她吃不进饭，睡不着觉，还常常因梦游症在室内走来走去。皮埃尔吓坏了。

这时，皮埃尔也正陷于沮丧之时。

他的一个朋友马斯卡尔一再坚持，让皮埃尔参加科学院院士的竞选，皮埃尔刚开始时是不同意的，可是经不住朋友的软磨硬泡，终于被说服了。

物理学部一致赞成他入选，看来皮埃尔当选应该没什么问题了。

但是，在当时竞选科学院士时，有一条不成文的规定，就是：每位申请人必须到每个院士家登门拜访，除了向他们表示敬意以外，还得在他们面前自吹自擂一通才行。

这种呼朋引类、看人眉睫的俗不可耐的风气，很为一些正直的学者所反对，皮埃尔更是其中的激进者，这使一些院士大为不满。结果，他以 20 对 23 票落选了。

这次事件对皮埃尔产生了很大的影响，不仅仅是因为落选，最重要的是他对于自己的行为感到恶心。因为他虽不情愿，但毕竟还是屈从了旧势力，低三下四地去拜访他并不想拜访的一些院士。

卡卡的作文素材

居里夫人的丈夫是正直的人，不愿巴结权贵，趋炎附势。

一位法国记者曾这样描述皮埃尔为竞选院士而必须做的事：

> 上楼梯，按门铃，报到，说明来意……这一切使这位候选人已经感到丢脸。然而，接着他必须先为自己唱赞歌，夸耀自己的知识、著作及工作，而在他看来，这是对人类力量的一种苛求……在落选后他变得心灰意懒、英雄气短，全身疼痛的毛病也似乎更严重起来。

新的一年刚刚开始，皮埃尔的风湿病连连发作，剧痛使他痛苦不堪。

皮埃尔的沮丧也可能是引起居里夫人失眠、轻微梦游的原因之一。她常常盯着他，心中忐忑不安，但又无可奈何。

有一天，玛丽突然惊慌地对皮埃尔说："皮埃尔……如果……如果我们两人中死了一个，那么剩下的一个也不可能继续活下去，是吗？我们两人是不能分开的……"

皮埃尔开始不明白她说的是什么意思，弄明白后，他十分坚定地对玛丽说："你错了，玛丽，如果我们两人之中有一个不在了，那研究也不能中止。你要明白，你要记住，我们的研究不仅仅是属于我们两个人的，科学家没有权利背弃科学这个终极目标。无论发生什么事，一个人即使成了没有灵魂的身体，还是应该照常工作。"

小记者卡卡的访问感言

对科学事业的忘我追求对居里夫妇来说，高于一切。

卡卡的小问题

1. 父亲病危之时，居里夫人在做些什么？

2. 居里夫人的父亲去世后，皮埃尔又经历了什么打击？

名人名言

我们每天都要愉快地生活，不要等到日子过去了才找出它们的可爱之点，也不要把所有特别合意的希望都放在未来。

——居里夫人

科学的基础是健康的身体。

——居里夫人

坚忍是成功的诀窍。

——狄斯累利

意志来自道德感和自身利益这两个因素。

——林肯

只有经过长时间完成其发展的艰苦工作，并长期埋头沉没于其中的任务，方可有所成就。

——黑格尔

精神经百炼，锋锐坚不挫。

——刘过

无论何人，若是失去耐心，就是失去灵魂。

——培根

理想并不是一种空虚的东西，也并不玄奇，它既非幻想，更非野心，而是一种追求真美的意识。

——莎菲德拉

呵，青年人的理想多么崇高，立志追求真理，无论是生还是死，呵！莫回首，莫泄气。

——罗•布里奇斯

从我们的理想中，我们无意间暴露了自己的缺陷。

——让•罗斯唐

当大自然剥夺了人类用四肢爬行的能力时，又给了他一根拐杖，这就是理想！

——高尔基

真理是时间的孩子，不是权威的孩子。

——布莱希特

寻求真理的只能是独自探索的人，和那些并不真心热爱真理的人毫不相干。

——帕斯捷尔纳克

尊重人不应该胜于尊重真理。

——柏拉图

真理，哪怕只见到一线，我们也不能让它的光辉变得暗淡。

——李四光

关键在于要有一颗爱真理的心灵，随时随地碰见真理，就把它吸收进来。

——歌德

小记者卡卡有话说

同学们，你们想知道居里夫人曾经获得过哪些殊荣吗？你们知道居里夫人是如何对待这些荣誉的吗？相信读完这章，你们会跟我一样敬佩居里夫人淡泊名利的品格的！

第六章　荣誉的获得

第一节　关于镭的演讲

镭的发现是居里夫妇完成的最重要的工作，也是他们对科学做出的最重大的贡献，在科学界引起了极大的重视。

法国著名数学家彭加勒甚至说：“‘伟大的革命家镭’登上革命舞台时，它从根本上震撼了经典物理学。”人们之所以会这么重视居里夫妇的发现，是有很多原因的。

卡卡的作文素材

居里夫妇的发现对科学做出了重大贡献。

首先，在门捷列夫发现元素周期表以后，科学界对于找到一种新元素，并用它来填补周期表内一个空位，总有十分惊奇的感觉，并给予极高的评价，把它看成是化学领域里极为重大的进展。再加上当时化学工业正日新月异地发展着，对社会进步产生了重大作用，因此，整个社会都特别重视化学的进展。

其次，居里夫妇在提炼镭的过程中，创造了一种在化学界从来没有使用过的分析方法——放射性方法加上分步结晶法。这为化学家提供了一种崭新的化学分析方法，对今后化学的发展有十分重大的意义。

再次，镭的发现为居里夫人所创造的放射性现象这一广义的内涵，提供了坚实的证据，从此放射性现象成了物理、化学中很重要的一个分支、一门学科，受到众多一流科学家的重视。物理学家又开始了对一个崭新的、具有吸引力的课题的关注，即：原子内部更复杂的结构和运动规律。这种关注预示着科学从此迈入了原子世界。

还有，镭的辐射强度大大超过了铀，而且皮埃尔还测出，1 克原子镭（226 克）每小时能够释放出 22. 5 千卡的热量。按数量级，这种热量与 1 克氢气燃烧时产生出来的热量相等，这实际上也是人类第一次测出来的“原子能”。

那么，如此显著的能量是从哪儿来的呢？ 1905 年，爱因斯坦为我们回答了这个问题，指出“质量是物体中含有能量的尺度”。随后，又一个新的问题出现了：这种能量可以为人类所利用吗？这也是当时社会上最为关注的一个重大问题。

最后，科学家永远需要有更新的、更复杂的课题的刺激。这时期，关于 X 射线的研究高潮刚刚过去，科学界暂时陷入停滞不前的局面，许多科学家正想寻找新的领域进行研究。正是这个时候，具有极强辐射性的镭被发现了，更重要的是，镭的发现还加速了机械论自然观现有统治地位的崩溃。

在镭的发现和与此有关的研究被证实之后，原子的衰变已经成为一个不可怀疑的事实，因此，以不变化的“物质”观念为基础的机械论自然观就完全站不住脚了。

正是基于以上几种原因，全世界的科学家都把兴奋的

卡卡的作文素材

居里夫人的贡献不只限于一个领域。

目光投到了居里夫妇的研究成果上。

1903年5月，英国皇家学会邀请居里夫妇到英国去做关于镭的演讲，对于是否出席他们两人进行了激烈的思想斗争。

“对于这样的演讲，你知道，我是深恶痛绝的！”玛丽痛苦地说。

“可是，这次和以往的都不太一样！”皮埃尔说。

“怎么会不一样？”玛丽问，其实她心里也有一些肯定，只不过想让皮埃尔帮自己分析一下。

卡卡的作文素材

为了镭，而不是为了名，玛丽接受了邀请。

“这次是非利益的，没有所谓的薪资，也没有什么待遇。只不过就是一个演讲，却可以将我们的镭公布给世人，让世人更了解镭！”皮埃尔述说着自己的理由。

玛丽想了想，是啊！她何曾没有想过要让世人都对镭多一份了解？现在一个这么好的机会就摆在面前，她怎么能放弃？最后，玛丽决定和丈夫一起去参加这次演讲。

英国人把听这种报告和德国人出席音乐会看得同样的庄重。这时候，不管是女士还是先生，大家都会收拾利落、穿戴整齐来到这里。

英国皇家学会可能没有料到，那天，居里夫人仍然穿着她那件黑色的连衣裙。按照当时的习惯，人们一般是不穿黑色衣服

卡卡的作文素材

居里夫人一生艰苦朴素，即使在公开场合也如此。

的，但居里夫人穿着黑色连衣裙却显得十分文雅。

伦敦的每个人都希望能一睹居里教授和居里夫人的风采，为了表示对玛丽和皮埃尔的欢迎，英国科学院还特意开了一个宴会。

“大家都太好了，真是太热心了！”玛丽对凯尔温勋爵说道，“我和皮埃尔都不习惯人们对我们的大肆宣扬，像这种场合我们很少来，我们平时很少出门。”

凯尔温勋爵笑了笑，说：“我能理解，可是有一点你要记住，现在，你可是一位声名远扬的女士了。你是世界上首位被邀请参加皇家科学研究院集会的女士。确切地说，你是世界上唯一的一位著名女科学家。”

听到凯尔温勋爵这么说，玛丽显得有点震惊。她并没有觉得出名，而且也不想出名，因为这会占用她很多宝贵的时间。对于这些骚扰，以前她就领教过。

小记者卡卡的访问感言

居里夫妇从未渴望过名利，因此名利的到来丝毫不能影响他们的生活。

卡卡的小问题

1. 为什么说“镭”的发现从根本上震撼了经典物理学？

2. 居里夫妇为什么接受了英国皇家学会的邀请？

第二节 获得博士学位

卡卡的作文素材

居里夫人取得的荣誉是巨大的，但她并没有因此骄傲。

11 月 5 日，英国皇家学会授予居里夫妇戴维奖章。这项奖励创设于 1877 年，每年由英国皇家学会颁发，主要授予在化学研究中取得重大发现的科学家。获奖者不但可以获得一块铜质奖章，还可以得到 200 英镑的奖金。

过了几个月，为了戴维奖章，皮埃尔又去了一趟伦敦。这个巨大的荣誉是英国皇家学会授予皮埃尔和玛丽夫妇的，考虑到玛丽的身体状况，皮埃尔决定自己去。

皮埃尔回到家里的时候，在很远的地方就看到了妻子和女儿正在公寓的门口迎接他。当女儿知道父亲带回了奖品之后，兴奋得像一只小鸟一样跳上跳下。

“爸爸！”女儿伸出手臂，喊叫着。

皮埃尔不顾旅途的劳累，一把举起女儿，亲了亲她的小脸蛋。

“奖品呢？爸爸！让我看看，让我看看！”女儿淘气地说。

皮埃尔将女儿放在地上，将随身的旅行包翻了个底朝天，可是，什么都没找到，奖章呢？

“我把它放在哪了？”他叫道，“我敢肯定，我已经把它带回来了。”

“是这个吗？”在皮埃尔的帽子下，玛丽找到一个很沉的小盒子。

“是它！”皮埃尔走过去，接过玛丽递过来的盒子。

皮埃尔打开盒子，一枚沉甸甸的金质奖章出现在眼前，上面刻着两个人的名字:一个是皮埃尔，一个是玛丽•居里。

“哎！”女儿嚷道，“它很精致，是不是，妈妈？”

“是的，是很精致，”玛丽回答说，“可是我们能用它做些什么呢？”

“或许，我们可以把它挂在墙上，像钟表一样。”皮埃尔想了想，建议道。

“好啊！”女儿赞同地鼓掌道。

皮埃尔拿起奖章，想看看放在壁炉上效果怎么样，可是，奖章竟然从他的手中滑了出去，“铛”的一声掉在地上。

女儿冲过去把它捡起来，仔细地抚摸着一条条凸起的纹路，安慰道:“没事的，不疼！”接着，她一边愉快地笑着，一边开始在地毯上像滚圈一样滚起奖章来。

皮埃尔温和的脸上现出了笑容。“看，女儿喜欢她的新玩具！”他对玛丽说，“不管怎么说，我们的奖章还是派上了用场，成了女儿的玩具也不错！”

1903 年 6 月 25 日，星期四，这天是居里夫人答辩的日子。

姐姐布罗妮雅和皮埃尔也坐在索尔本大学小礼堂的听众席上。布罗妮雅是专程从波兰赶到法国来的，目的就是目睹小妹夺取最后一个学位时的风采。

李普曼、布蒂、穆瓦桑三位教授坐在评审席上，脸上的表情似乎有点过分的严肃。今天也确实非同一般，因为索尔本大学还从来没有为一个女性举行过这种答辩。

为了让人们知道，一位伟大的女性将在今后跻身于科学家之列，居里夫人还特地将佩兰、朗之万和一些赛福勒女子高师的学生请来为自己助威。一时间，小礼堂座无虚席。

居里夫人的论文题目是《放射性物质的研究》。这篇论文一共有 100 页，全文除了导言、历史介绍以外，都是正文，全面介绍了放射性现象和新的放射性元素。

评审委员们向居里夫人提出了一些问题。面色苍白、金黄色头发挽成一个髻子在脑后高高耸起、身穿黑色连衣裙的居里夫人，都一一作了回答。

其实，就论文的内容来说，居里夫人比评委们知道得更多，因为放射性这个研究领域正是她和皮埃尔一起开创的。

在场的所有人鸦雀无声地听着她的答辩。答辩结束之后，评审委员会主席李普曼教授站起身来，庄严地宣布："居里夫人，索尔本大学授予您物理学博士的学位，并给予'极优'的评语。"最后，他还加了一句很少使用的客套话："夫人，我谨以评审委员会的名义向您表示最热烈的祝贺！"接着，全场便爆发出了一阵热烈的掌声和欢呼声。

玛丽一离开礼堂，皮埃尔和布罗妮雅就将她抱了起来："真是太棒了！"

小记者卡卡的访问感言

只有对名利真正淡泊的人，才能忍受住寂寞和困苦，专心致志地从事科学研究。

卡卡的小问题

1. 居里夫妇获得了英国皇家学会颁发的什么荣誉？

2. 居里夫妇是如何看待这一荣誉的？

第三节 镭工厂事件

一个星期天的上午，皮埃尔告诉玛丽："美国有一家公司给我来了一封信。"

"信上说了什么？"玛丽问。

"他们说打算创立一家炼制镭的工厂。"皮埃尔回答说。

皮埃尔说完后，玛丽似乎对这件事并不感兴趣，随口说了一句："那和我们有什么关系呢？"

"我们得在两种决定中采取一种：要么毫无保留地把提炼镭的专门技术公之于众，谁愿意生产镭就尽管去生产；要么我们申请生产镭的专利，这毕竟是我们发明的，到时候我们就会获得一大笔钱。"皮埃尔解释说。

玛丽听了，神情凝重地说："皮埃尔，我认为一定不能采取后一种决定。我们不能申请专利，那是违反科学精神的，镭是属于全人类的，而不是我们自己的。我们虽然发现了它，但是不能占为己有。"

皮埃尔想让玛丽把其中的利害关系搞清楚，因此，又冷静而客观地继续分析说："在这件事情上，我们要慎重！有了专利，我们可以生活得舒适一些，再也不需要去做那些太辛苦、损害我们身体健康的事了，最关键的是，我们将会有一个好的实验室……"

玛丽想了一下，看着皮埃尔，平静地说："任何一个科学家都没有权利把他们的发现当做摇钱树，镭属于世界上所有的人！而且，它可以用来治疗癌症，在这种情况下，我们更不能以此牟利，是吧？"

皮埃尔听了她的意见后，说：“是的，我们不能从我们的发现中牟取私利，这是违反科学精神的。在答复美国的要求之前，我想知道你的想法是否与我一致。好啦，今晚我就给美国写回信……”

玛丽看着皮埃尔，会心地笑了。她太了解自己的丈夫了，她知道他是不会为了一己之私而采取第二种做法的。

“现在，让我们去呼吸一下新鲜空气吧！”感到一阵如同完成一个实验后的轻松，玛丽伸伸腰，建议道。

“好！走吧！”

“我们怎么去呢？是走着去，还是骑自行车？”玛丽一边走一边问。

“骑自行车吧！这样，我们可以走得远一点，而且，也不会太累！”说着，皮埃尔便跑出了客厅。

每到这个时候，皮埃尔和玛丽就像是两个孩子一样，任何烦恼和不愉快都会置于脑后。他们俩骑上那辆破旧的自行车，向郊外驶去。

小记者卡卡的访问感言

居里夫妇大公无私的崇高品质值得我们每个人学习。

卡卡的小问题

1. 居里夫妇接收到一封什么内容的信件？

2. 居里夫妇做出了怎样的决定？

第四节　荣获诺贝尔奖

1903 年 11 月 14 日，瑞典科学院院士、常务秘书欧利维理乌斯给居里夫妇写了一封信：

> 卡卡的作文素材
>
> 居里夫妇的努力没有白费，他们终于迎来了早该属于他们的崇高荣誉。

居里先生暨夫人：

……瑞典科学院在 11 月 12 日的会议中，决定将本年度诺贝尔物理学奖金的一半授予你们，表示尊重你们在贝克勒尔射线的研究上共同取得的卓越的成就。

这一决议要在 12 月 10 日才正式公布，此前将严守秘密，奖金和金奖章也将在同时颁发……

评审委员会还希望居里夫妇在授奖那一天，能到瑞典斯德哥尔摩来接受奖状、奖章和奖金，并在会上做“诺贝尔演讲”。

皮埃尔得知自己和妻子同时获得了诺贝尔奖，真是喜出望外，很快便写了回信。11 月 19 日，皮埃尔回信说：他非常感谢瑞典科学院将诺贝尔奖授予他们夫妇，但因为工作太忙和居里夫人一直生病，无法在冬天出门到严寒的北欧去，他希望在 1904 年 6 月天气暖和了再去做“诺贝尔演讲”。

12 月 10 日，一直秘而不宣的获奖消息正式宣布，这一消息立即在全世界引起了轰动。

到 1903 年，诺贝尔奖是第三次颁奖。1901 年诺贝尔物理学奖得主是发现了 X 射线的德国物理学家伦琴；1902 年是荷兰物理学家洛伦兹和德国物理学家塞曼，他们两位因为在“研究光和电磁现象之间的联系方面所做的开创性工作”而共享该年度诺贝尔奖。

如果说头两年诺贝尔奖的颁发还处于摸索阶段，还有许多国家，比如英国、美国等对此奖并不十分重视，那么，到 1903 年，在瑞典以外的各国报刊上，支持和赞美诺贝尔奖的文字逐渐增加了。

1901 年保守的英国没有参加角逐；到 1902 年英国人才醒悟过来，开始为自己的国家取得候选人资格而展开竞争。

正是在这种声望日隆的情况下，1903 年诺贝尔奖获奖名单公布后，它所引起的反响大大超过了前两年。

在法国更是非同一般。法国从 1901 年开始就以最积极的角色来参与诺贝尔奖的角逐，1901 年他们有两人获奖，一个是文学奖，一个是和平奖。1902 年轮空，到 1903 年，又有 3 位法国科学家获奖，这怎能不让法国人欣喜若狂呢？

而且，这一次又非同寻常，获奖者竟然是一位弱不禁风的金发年轻女性！这是第一位获此奖的女性，而且是在男性工作领域的物理学中获奖！并且是夫妻双双获奖！这一切真是太吸引人了，太能挑起广大民众和记者的好奇心了。

卡卡的作文素材

居里夫人是在男性工作领域里获得了殊荣。

这些享誉世界的成就，给居里夫妇带来了一些具体利益。他们获得了一枚奖章和7万金法郎的奖金。

皮埃尔终于不用再为养家糊口而疲于奔命了。他们可以减少教课的课时，将更多的时间用于研究工作。

皮埃尔辞去了他在理化学校的教职，并自费雇用了一个私人助手。玛丽给亲友们买了一些礼物，让大家来分享他们成功的喜悦。

同时，玛丽还以借款的名义给德鲁斯基寄去两万奥币，以帮助他们创立疗养院。一向不为财富所动的玛丽认为，这笔奖金是瑞典科学界对他们工作的推崇，是不违反科学精神的。

▲居里夫妇

居里夫妇把得来的奖金的大部分用于支援和捐献，他们的赠款项目中有这样的记载：送给波兰学生、赛福尔女学生，以支持他们继续深造；给实验室工人，以改善他们的贫困生活。除此之外，玛丽还为她的一位老师提供了从波兰返回家乡巴黎的旅费……

卡卡的作文素材

荣誉和利益并没有改变居里夫人的生活，她依然节俭如初。

对这些捐赠，玛丽从来都没有张扬过，从来都没有炫耀过。她习惯于默默无闻。而对于自己的生活，他们仍是那样吝啬、那样节俭，他们在克勒曼那套贫寒的住房没有丝毫变化。

玛丽继续在赛福尔教课，她爱她的学生，同时也觉得自己的体力可以坚持下去。在荣誉面前，玛丽并没有陶醉。

让她由衷感到高兴的是，她的研究成果得到了世界同行的承认，她的辛劳换回的是为全人类的贡献。但是他们的使命并未完成，他们的探索并未停止，他们的智力潜能足以支撑他们的事业向更高的高度发展。他们需要工作。

可是，在巨大的荣誉光环下，新闻记者像轰炸机群似的对居里夫妇进行轮番采访，原来门可罗雀的实验棚屋，如今却车水马龙、人声鼎沸、熙来攘往，成了闹市。记者们甚至在伊伦娜或她喜爱的猫身上大做文章。后来，连法兰西共和国总统埃米尔·卢贝的好奇心也被煽动起来了，亲自到那神奇的棚屋去参观。

居里夫妇实在厌恶透了这种不断的“骚扰”，包括与上流社会的应酬。可是，有一些宴会他们无论如何是推脱不了的。

在一个热闹的夜晚，居里夫妇到爱丽舍去赴卢贝总统的晚宴。本来他们是不想去的，可是，出于礼貌，他们还是去了。

宴会上的来宾非常多。大家都热烈地交谈着，只有居里夫妇平静地坐在一边，思考着自己的问题。

这时候，一位珠光宝气的贵夫人来到玛丽跟前，十分热情地对玛丽说：“夫人，我引你去见希腊国王好吗？”

玛丽没有说话。对于这些邀请，玛丽已经习以为常了，如果自己不愿意去，她便会保持沉默。

接着，这位贵妇人又加了一句：“我们大家都非常崇拜夫人的智慧。”

听到这句话，玛丽觉得再不说话就太不礼貌了，便报之以温和友善的微笑，轻轻地说：“谢谢夫人，我觉得没什么必要。”

这位夫人大吃一惊，也许在她所遇到的人中，还没有不愿结识国王的女人。

等到玛丽定睛看这位夫人时，才发现她竟然是卢贝总统的夫人。玛丽连忙不好意思地站起来，改口说：“但是，如果是您要我做的事，我当然一定遵命……”

得到满意的回答之后，总统夫人开心地离开了。

卡卡的作文素材

居里夫妇对名声、财富视若浮云，将镭无偿地献了出来。

居里夫妇对名声、财富视若浮云。他们不仅把自己所掌握的全部有关镭的知识，无代价地告诉给了所有求教于他们的人，还把自己付出如此艰辛的劳动取得的镭盐，无偿地送给了许多医院。

为了感谢奥地利政府廉价供给他们的沥青铀矿渣，在1905年2月，他们把再次提炼出来的一点镭盐送给了维也纳医院。

1904年夏季来了，居里夫妇按计划应该去瑞典做诺贝尔演讲的，但是，由于皮埃尔风湿病发作，全身疼痛难忍，未能成行。

居里夫妇荣获诺贝尔奖以后，法国政府也对居里夫妇表示了关注。

1904年10月，皮埃尔被索尔本大学校长任命为理学院新设物理学讲座正教授；11月，居里夫人被任命为理学院物理实验室主任。

皮埃尔·居里直到获得诺贝尔奖近一年之后才被任命为教授，这件事本身就具有极大的讽刺性。而且他们二人仍然没有得到实验室，居里夫人曾辛酸地写道：

1904 年，由于获得了诺贝尔奖，我们的成绩得到了社会的公认，这时索尔本大学新开了一个讲座，我的丈夫被任命为该讲座教授；同时，又由他开创一个实验室，任命我为该室主任。实际上，当时并没有另建一个实验室，只不过是腾出了几间暂时没有用的空房间供我们使用而已。法国当局如此对待为法兰西共和国争得巨大荣誉的科学家，的确让人寒心。

卡卡的作文素材

诺贝尔奖并没有让居里夫人的科学研究工作更为顺利地进行。

当上教授后仍然没有实验设备，皮埃尔心中十分郁闷。玛丽本来是可以放弃高等女师的教学工作的，她却因为舍不得离开那群朝气蓬勃的女大学生们，没有辞去这项教学工作。

但是，在 1904 年下半年，玛丽向学校提出了请假，因为她怀孕了。

12 月 6 日，居里夫妇的第二个孩子出生了。

这时候，为了照顾妹妹，布罗妮雅来到了玛丽身边。她那温柔、镇静的言语和行动很快驱散了玛丽心中的苦闷，再加之可爱的婴儿使她的母爱之心复苏，玛丽很快就摆脱了分娩前可怕的心理失常。她又觉得每一件事物都让她感到由衷的高兴了。

皮埃尔在春暖花开的时候，身体状况好转。拖了一年多的诺贝尔演讲不能再拖下去了，他们决定 6 月份一同去斯德哥尔摩。

不用说，演讲大获成功，他们在瑞典得到了热情的接待，之后又在北欧这个美丽的国度游览了几个城市，才尽兴而归。

1905 年 7 月 24 日，皮埃尔在给乔治·古依写的信中，心情欢悦地讲述了他们的瑞典之行，他写道：

> ……我和我的妻子刚到瑞典去了一次，这次旅行很合我们的意，我们毫无忧虑，而且得到了充分的休息。此外，6 月间没有多少人在斯德哥尔摩，因此正式仪节简单了许多。
>
> 瑞典由湖泊和海湾构成，周围有一点陆地，到处是松树、冰河带来的碎石堆和红色木头房子。这个地方的景致略显单调，但是，很美丽而且很安静。我们在那里的期间，几乎没有夜晚，秋天的太阳差不多一天到晚总在照耀着。我的孩子和我的父亲都很好，我的妻子和我的身体也好多了……

小记者卡卡的访问感言

荣誉只不过是人们对你的肯定，它只代表了你过去的成绩，千万不能让自己陷入其中。

卡卡的小问题

1. 1903年，居里夫妇获得了什么殊荣？这具有怎样的意义？

2. 诺贝尔奖给居里夫妇的生活带来了什么？

【名人名言】

我要把人生变成科学的梦，然后再把梦变成现实。

——居里夫人

我们不得不饮食、睡眠、浏览、恋爱，也就是说，我们不得不接触生活中最甜蜜的事情，不过我们必须不屈服于这些事物。

——居里夫人

谁要是为名利的恶魔所诱惑，他就不能保持理智，就会依照不可抗拒的力量所指引给他的方向扑去。

——马克思

热衷名利的人，像旋转轮上的狗，或笼中的松鼠，虽然它们一直在焦虑中不断地用力爬，但却永远达不到顶。

——柏顿

看破红尘，顿开名缰利锁。

——李汝珍

守道而忘势，行义而忘利，修德而忘名。

——苏轼

草色人心相与闲，是非名利有无间。

——杜牧

一不为名，二不为利，但工作目标要奔世界先进水平。

——邓稼先

漫画展示厅

淡泊名利是名人获取成功的重要条件

皮埃尔将自己的奖章掉到了地上。

女儿很在意奖章的损坏。

玛丽将奖章当做一种玩具看待。

玛丽将自己的奖章作为玩具送给了女儿。

居里夫人对于别人的赞扬,并不在意。

居里夫人将自己的宝贝展示给众人看。

皮埃尔收到了一封信。

玛丽对信的内容不感兴趣。

皮埃尔说出了可以做出的两种选择。

玛丽认为镭是属于全人类的。

为了躲避不必要的骚扰，居里夫妇住旅店的时候，使用化名。

如果走累了，他们两人就会停下，休息一会儿。

居里夫妇遇到了“小道记者”。

居里夫人用一句话回答了这名记者的提问。

小记者卡卡有话说

同学们，你们想知道居里夫人在失去了亲爱的父亲之后又失去了哪位亲人吗？你们知道她是以多么惊人的意志力顽强站立起来的吗？读完这章，你们会跟我一样敬佩居里夫人坚强不屈的品质的！

第七章　不幸和挑战

第一节　横祸飞来

1906 年 4 月 15 日，这是一个星期日，而且正是复活节期间。居里夫妇一家到巴黎附近的圣雷米德舍夫罗斯去度周末，他们去年夏天在这儿买了一栋房子。

他们像往日一样牵着一个，抱着一个，不是到田野、树林，就是到河边去散步。大女儿已经 9 岁了，小女儿才 1 岁半，令他们欣慰的是：两个女儿都发育得很好。

现在，老居里医生与他们住在一起。老居里医生——这位科学的爱好者把自己晚年的全部精力、乐趣都放在了培养孙女的事情上。在老居里医生的悉心教育下，伊伦娜非常懂事，而且像她爸爸一样，不太喜欢说话，而是善于思考。

下午，柔和的阳光驱散了罩在山谷上空的雾气。伊伦娜挥动着一个绿色小网追捕着蝴蝶，大声欢笑着；艾芙则一个人坐在毯子上不满地乱喊乱叫。

皮埃尔被这种宇宙中至美的景象所陶醉，来之前内心的种种骚动已经被大自然永恒的和谐渐渐抚平。他低声柔和地对玛丽说："有你在身边，生活是多么美好、迷人啊！"

星期一晚上，由于有事情要办，皮埃尔带着一身春天的气息乘火车回巴黎去了，而玛丽和两个女儿要继续在乡间享受春天明媚的阳光和原野的清新气息。

4 月 18 日，星期二晚上，玛丽带着孩子们也回到了家。

法国的春天一贯是多雨，几天明媚的天气又被雨天所代替，万紫千红的美景都遗憾地付诸流水，暖和的日子一下子又被寒冷驱赶走了。

风掀动着门窗，雨敲打着屋顶；阴霾四布、街道泥泞，路上行人都小心翼翼地走着。为了防止打滑摔倒，有些人的手里还拿着一根棍子。

淅淅沥沥的春雨还在下着，到了第二天，雨还是没有停下来的意思。

按照计划，皮埃尔这一天要到法约特饭店去参加一个理学院教授联会的午间聚餐；聚餐过后，他还要去见一下出版商高吉耶·威雅尔，看一篇论文的清样，然后到科学院……

皮埃尔在楼下向楼上的玛丽高声问了一句："玛丽，你今天还去实验室吗？"

玛丽正在为小女儿穿衣服，一边穿，一边回答说："等会儿雨停了再说，要去的。"

玛丽没有在意皮埃尔是否听见了自己的话，天天如此，又有谁会把今天早上临别的话特别放在心上呢？

但是，让玛丽万万没有想到的是，这一问一答竟然成了他们此生的最后一次交谈。这么简单，这么匆忙！甚至还不知道皮埃尔听清楚没有。

卡卡的作文素材

外界的条件并不能对居里夫人产生影响，大雨天她还是要去工作。

下午两点半，皮埃尔参加完午间聚餐，起身向同事们告辞。在他们聚餐的时候，雨曾经停过，但是等他要出门的时候，雨又淅淅沥沥地下起来了。

皮埃尔走出门去，撑开雨伞，上了圣热尔曼大街，向塞纳区走去。可是，当他走到出版商那儿的时候，大门却是关闭着：工人们罢工了。皮埃尔转身走向道芬街，打算取道码头去科学院。

这是巴黎的旧区，狭窄而又泥泞的路上拥挤着众多的人。出租马车拼命地在泥泞的道路上向前急驶着，人们身上被溅到一拨又一拨的泥浆。为了躲避这随时会溅到身上的泥浆，道路上显得更加拥挤和混乱。再加上各种各样的吆喝声，简直让皮埃尔感到头晕目眩。或许，皮埃尔是想找一条近道吧！突然，他离开了与他并排前进的马车，试图穿过马路。

正在这时候，一辆马车从对面冲了过来。车夫虽然想停住马车，但由于惯性的作用，马车并没有立即停下来。

这时候的皮埃尔似乎刚从沉思中惊醒过来一样，当他看到一辆马车向他直闯过来的时候，惊恐地想赶快停住脚步，但泥泞的地面却使他滑倒了……

一场人类的悲剧就这样发生了！一位天才的头瞬间被马车的后轮辗碎……

人群一下子围上来。警察让人用担架把皮埃尔的尸体抬到了附近的警察局，他们在衣袋里发现了死者的名片。

小记者卡卡的访问感言

居里夫人刚要开始美好的生活，却又遭到了这样的厄运，我们祈祷她不会被厄运打垮。

卡卡的小问题

1. 皮埃尔为什么遭遇车祸？

2. 皮埃尔去世时，孩子们分别几岁？

第二节 坚强的生命

“啊！原来是一位著名的科学家，还是一位院士！天哪！”当知道死者的身份的时候，警察局沸腾了。局长立即用电话通知了索尔本大学理学院。

皮埃尔的助手克莱克接到这个电话后，立即赶到警察局。他见到敬爱的教授那可怕的伤口时，失声痛哭。

理学院院长保罗·阿佩尔和皮埃尔的好友佩兰到居里家去通知这个噩耗，那时居里夫人还没有回来。

当老居里医生得知儿子不幸惨死于车轮之下后，他那布满深深皱纹的脸上禁不住老泪纵横。他什么话也不会说了，只是反复地念叨着一句话：“儿子呀，你当时在想什么呢？怎么这么不小心呢？”

下午六点钟左右，居里夫人才回到家，阿佩尔把这条悲痛的消息告诉了她。

“皮埃尔死了？真的吗？”听到这个令人悲伤的消息，居里夫人僵住了。她不断地低声重复着这句话，似乎根本不相信它是真的。早上皮埃尔离开家的时候还是好好的，怎么下午就不在人世了呢？

玛丽无法理解眼前发生的一切，她转过身子走进了自己的房间，将门反锁上。

玛丽把自己锁在里面，不管谁来叫她，她都不搭理。她一个人在屋里默不做声地理解着死亡

卡卡的作文素材

居里夫人还没有来得及享受幸福的生活，就遭受了失去丈夫的打击。

和不幸……

皮埃尔的尸体很快便被亲朋好友们抬回了家，玛丽从自己的房间里走了出来，一下子憔悴了很多。

为了不让玛丽再受刺激，大家都劝她离皮埃尔的尸体稍微远一点。可是玛丽执意站在死去的丈夫身边。

人们将皮埃尔的那套沾满血迹的衣服脱去，给他换上了一套干净点的。看着人们为死去的皮埃尔梳洗、换衣……居里夫人显得异常的镇定。

晚上，亲戚朋友都离开之后，她默默地来到了皮埃尔的身边。

玛丽呆呆地看着皮埃尔那张闭上眼的脸，痛苦的波浪一阵阵袭来："我真的失去你了吗？你真的就一去不复返了吗？你的音调、你的言辞，还依然在我耳边盘旋。你最后和我说的是一句什么话？啊，是的，早上你临走的时候还问我去不去实验室……我真笨，为什么不下楼来和你多说几句话？难道就这样永别了吗？"

第二天，皮埃尔的哥哥雅克赶来了。

看到长相酷似皮埃尔的哥哥，沉默了一天一夜的玛丽不可遏制地将自己的悲伤爆发了出来。或许这时候，对于玛丽来说，痛哭是最好的宣泄方式，大家都没有劝她。

哭过之后，玛丽知道自己还有很多事情需要处理，便将自己的悲伤紧锁在了心中。最重要的是，现在两个女儿还并不知道爸爸为什么躺下。

卡卡的作文素材

居里夫人非常坚强，忍住了失去丈夫的悲痛。

玛丽对女儿们说："爸爸受了重伤，要好好休息。你们先乖乖地到佩兰家去玩吧。"

两个女儿听话地离开了。看着女儿远去的背影，玛丽心如刀割一样的疼。

下葬这一天，没有举行任何的仪式。很多人都想来送皮埃尔最后一程，可是，玛丽一一拒绝了。教育部部长白里安不顾居里夫人的推辞，悄悄地加入了送葬者的行列。

居里夫人和老居里医生挽着胳膊走在棺木后面，一直走到挖好的墓穴旁。墓穴四周有几棵栗树，从此它们将与长眠的皮埃尔相伴。

居里夫人伫立在墓穴旁，目光凝滞而严峻。她接过别人递过来的鲜花，将它们一朵一朵地撒在棺木上。

她的动作缓慢而从容，似乎周围的一切都已不存在。来参加葬礼的人都深受感动，悲戚无声地看着她。

葬礼主持人提醒居里夫人应该接受送葬人的慰问了。于是，她便将花全都扔到了棺木上，离开了墓穴，默默地站到老居里医生身边。

卡卡的作文素材

居里夫人也是平凡人，对丈夫有着割舍不下的爱。

那天晚上，居里夫人把自己一个人关在了书房里，默默而又痛心地回忆着与她一同合作和奋斗的朋友、丈夫。他们结为伴侣已经快 11 年了，现在她失去了他，啊，不仅失去了他，而且也失去了她自己。她和他一起消失了，没有他也就没有了她！

居里夫人后悔自己以前对丈夫的关心太少；后悔自己

一心只专注于工作，没有拿出更多的时间陪伴丈夫……

第二天，居里夫人来到了佩兰家，她的两个女儿这两天一直住在这里。

现在大女儿伊伦娜已经 9 岁了，居里夫人觉得应该把爸爸去世的事情告诉她，她有权知道这件事情。

伊伦娜正在和佩兰的女儿阿丽娜玩耍，当居里夫人把这件事告诉她时，她似乎并没注意听，继续和阿丽娜玩。居里夫人有点失望地对佩兰夫人说：“她还太小，不懂事。”

然而，这一次，居里夫人却错了！伊伦娜并不是“太小”，而是非常懂事。等妈妈离开后，伊伦娜立即停止了玩耍，痛哭得像个泪人儿一样。

阿丽娜和佩兰夫人吓坏了，可是，怎么劝都没有用。等她哭够了，她要求佩兰夫人把她送回家去：“我不能让妈妈一个人待在家里，我要陪伴妈妈。”

当她回到家看到妈妈的时候，抱着妈妈痛哭起来。伊伦娜在家中哭了好大一阵子，然后，就去找小朋友们玩了，好像竭力要把这件事忘掉一样……

看到这么小的孩子也要与大人一起承受人世间的不幸，居里人心中感到无比地凄惶、内疚。

这残酷的不幸搅乱了居里夫人的家庭、工作，而她正好处在这不幸风暴的中心。人们忧虑地发现居里夫人神情恍惚、眼光呆滞、缄口无声。

雅克和老居里医生很为她担心，从波兰赶来的约瑟夫和布罗妮雅也为她焦急不安。

他们都知道居里夫人和皮埃尔两人感情太深，要想让她那么快就从悲痛中解脱出来，并不是一件容易的事情。可是，这样下去，居里夫人会不会出什么问题呢？怎样才能让她尽快从悲痛的思念中解脱出来呢？

正在这时候，法国政府主动向居里夫人提出：政府可以为皮埃尔·居里的遗孀和遗孤发放一笔国家抚恤金，像对待11年前去世的伟大生物学家巴斯德的妻儿一样。

当雅克征询居里夫人的意见时，居里夫人断然拒绝："我不需要抚恤金。我还年轻，才38岁，能够挣钱养活我和我的两个女儿。"从这件事中，大家又看到了希望。

小记者卡卡的访问感言

居里夫人坚毅不屈的性格让她再次在厄运面前站立了起来。

卡卡的小问题

1. 居里夫人接到皮埃尔去世的消息时反应如何？
2. 丈夫去世后，居里夫人受到了怎样的关怀？

第三节 接替皮埃尔的职位

索尔本大学想让居里夫人继续留在学校工作，但是以什么样的职位、头衔留下她呢？

皮埃尔去世了，他的讲座按道理应当取消，与讲座同时设立的实验室也应同时撤消。可是，居里夫人如此高的学术地位，如何安排才能让她和大家都满意，而且也能让大学当局顺利通过呢？

人们都来征求居里夫人的意见："夫人，你想做什么工作？"虽然居里夫人茫然地回答她不知道，但人们立即找到了一个治疗她悲痛的妙方。

卡卡的作文素材

居里夫人完全有能力接替丈夫完成他未竟的事业。

皮埃尔生前的一些亲朋好友，如：雅克、约瑟夫、古依、佩兰等向大学提出建议，说："居里夫人是唯一能够继续主持皮埃尔讲座的法国物理学家，她肯定有资格接下和完成皮埃尔未完成的事业。""索尔本大学应该乘此机会打破古已有之的传统，任命居里夫人为教授。"

任命一位女性为世界著名学府的教授？这不仅在法国，就是在整个欧洲也是一件绝无仅有的事情。但相比较而言，法国还算是比较开放的，这从居里夫人几年前就到实验室工作了这一点就可以肯定。

但是，让女性上教授的课，在法国教学史上还是没有先例。这件事情很快便惊动了教育部部长白里安，也惊动了理学院和大学当局。

后来，在贝特洛、阿佩尔和副校长李亚尔等人的极力支持下，法国终于决定打破守旧的传统，采取开明的行动，让居里夫人接替丈夫的职位继续工作。

1906 年 5 月 13 日，理学院会议一致决定保留为皮埃尔·居里开设的教席，让居里夫人以“代课”的名义继续授课。决议如下：

聘请巴黎大学理学院实验室主任、理学博士皮埃尔·居里夫人代授该学院物理学课程。居里夫人此职年薪 1 万法郎，由 1906 年 5 月 1 日开始付薪。

这是法国，恐怕也是欧洲，第一次把最高的教职委任给一位女性。居里夫人知道了这一任命后，说：“好吧，我试试看。”

亲朋们放心了，居里夫人答应试试看，就说明她已经不再需要人们为她担心了。

卡卡的作文素材

居里夫人是个能够担当重任的人，她的坚强让人尊敬。

朋友们的预想没有错！居里夫人虽然身心俱疲，但即将承担的重任使她逐渐平静下来。她在日记本上写道：

我的皮埃尔，我想告诉你，花园里的金雀花已经开放了，紫藤、山楂、鸢尾也都先后绽出了花朵。你如果还活着，看了一定会非常高兴的。

我还要告诉你，我已经被任命代替你的职位，继续讲授你的课程，并且继续领导你的实验室。我答应了，但不知道这是好事还是坏事。你以前常说：希望我到索尔本去讲课，因此我知道这么决定是不会违背你的意愿的，而且我愿意努力把你没做完的工作干好。

有时候，我觉得这样我会比较容易活下去，但有时我又觉得承担这项工作简直是发疯了……

1906年的夏天到了，居里夫人调整好心情，将自己的全部心思都投入到了科学工作中。她同时开始准备索尔本的课程，以便在开学时接好皮埃尔的班。

大学当局决定由居里夫人接替皮埃尔空出来的位置，讲授大学课程，虽说是“代授”，但这在法国仍然是没有先例的事情，因此，这件事遭到了许多思想守旧的人的反对。

有人认为：居里夫人之所以能在科学研究中取得一定的成绩，那是因为皮埃尔的指导和鼓励。

有人说：等着瞧吧，用不了两年的时间，这位夫人就会像影子一样在大学讲台上消失的！

……

居里夫人本来并不在意名利和地位，但是，这些带着有色眼镜的言论不仅伤害了她，也伤害了去世的皮埃尔。

皮埃尔的话又在她耳边响起：“无论发生什么事，即使一个人成了没有灵魂的躯体，他还应该照常工作……”皮埃尔的话给玛丽带来了极大的勇气和力量，也成了她的精神支柱。

玛丽决心振作起来，把烦恼和忧伤丢得远远的。为了接替好皮埃尔的工作，她搜集了大量的与皮埃尔讲课有关的笔记和书籍，全神贯注地投入到了准备工作中。

卡卡的作文素材

居里夫人意志坚强，化悲痛为力量，全身心地投入到了工作中。

1906 年 11 月 5 日，尽管通告上已经讲明课是在下午一点半开始，但中午就有人拥到了理学院阶梯教室门口等候。

听课的人流源源不断地涌来，教室被围得水泄不通。人们堵塞了理学院的走廊，挤不进去的只好站在索尔本的广场上。

13 点 20 分，理学院院长阿佩尔站起来向大家宣布：根据居里夫人的意愿，不需要就职仪式，也不发表致词。

这时候，阶梯教室的后门慢慢地拉开了，看到玛丽的出现，全场一下子响起雷鸣般的掌声。

玛丽迈着平静的步伐，缓缓地走进教室。她表情严肃，双唇紧闭，目光平视，一套黑丝绒衣服套在那略显瘦弱的身上。

玛丽走到教授坐席前，冷静地点了一下头，没有套话、没有致谢、没有忧伤，也没有颂扬。教室里的人激动地鼓起掌来，向她表示最真切的敬意。

居里夫人微微地点了点头，表示致意。然后，站在那里，双手用力地撑着那张放满了仪器的长桌，等待掌声停息。

居里夫人明白：这些掌声不单是献给她，也是献给去世的皮埃尔的。过了几秒钟，掌声戛然而止，教室里一片寂静，大家屏气凝神地看着她，等待着她的第一句话。

卡卡的作文素材

居里夫人的字典里没有“虚华”二字，她的作风总是那么质朴。

人们本来以为居里夫人一定会从赞扬她的丈夫——皮埃尔的工作开始，但是，她却对可能会引起人们同情的往事只字不提，她只是从皮埃尔上次讲完的地方接着往下讲。

居里夫人竭力地抑制住内心的激动，看着下面黑压压的人群，开始讲课：“综观近十年来物理学的发展，电和物质概念中发生的变化，使我们感到惊异……”

她把这句富于启发和哲理性的话作为开场白，是有极深刻含义的。这句话，正是皮埃尔最后一堂课的结束语。从这一句话引申开来，既是表示这门学科的延续，也蕴含着她深沉的哀痛。

听过皮埃尔讲课的学生们，笔记本上清楚地记录着这一行字。眼泪从学生们的眼睛里流出来，一直流到课本上。

居里夫人以流畅优美的语言，深刻地阐述了电气结构的原子蜕变、放射物质的新学说。她一会儿用公式在黑板上表示，一会儿又在黑板上画一个图表，一会儿又用仪器实验来表现。

居里夫人将深奥难懂的课讲得深入浅出、脉络分明，庞大的听众席上安静极了。当讲课结束时，教室内响起了经久不息的热烈掌声，连大门外许多不能入场的听众都鼓起了手掌。

居里夫人从容不迫地讲完了一堂令人满意的课，然后，走下讲台，按原路飞快地退了回去，很快消失在了人海之中。

人们不得不为这个妇人坚强的品质所折服。

小记者卡卡的访问感言

对科学的无限热爱，对丈夫的无限缅怀，让居里夫人接替丈夫站在了讲台上，这是多么激动人心的时刻啊！

卡卡的小问题

1. 什么让居里夫人决定接替丈夫的工作？

2. 居里夫人的第一堂课讲得如何？

第四节　再创辉煌

对于索尔本大学的教职，居里夫人尽自己最大的努力去做好。同时，在失去了居里先生以后，居里夫人还必须把他们共同研究的工作继续下去，深入对镭的研究。

1907 年，居里夫人又提炼出了四百毫克的氯化镭，并再次确定了镭的原子量。她在这一年发表的《论镭的原子量》一文中写道：

> 1902 年，我发表了用九十毫克氯化镭对镭的原子量进行测量的结果。从那时起到现在，从多次矿石处理中又得到数百毫克看来很纯的镭盐。我做了纯化工作之后，获得了四百毫克很纯的镭盐，这样，在比上次好得多的条件下，我对镭的原子量重新进行了测定。

就在这一年，为了让女儿们的生活过得好一些，也为了让老居里医生得到更好的照顾，居里夫人举家迁到了皮埃尔和她恋爱时住的地方，她想离皮埃尔近一些。

卡卡的作文素材

居里夫人从未停下前进的脚步。

1908 年，居里夫人被索尔本大学聘为“实任教授”，获得与皮埃尔生前完全同等的地位。她在大学教授放射学，是世界上第一位开设这门课程的人，也是当时唯一能教授这门课的人。

居里夫人还整理了丈夫的遗稿，编成了一本六百页的书，书名叫《皮埃尔·居里著作集》，该书于1908年出版，前面有皮埃尔的照片，居里夫人亲自写了序言，追述皮埃尔的一生，惋惜他的英年早逝。

1910年，居里夫人终于成功地提炼出了纯金属镭。她把提炼出的二十一毫克纯金属镭封存入一支玻璃试管内，然后，送往巴黎的赛福尔国际度量衡标准局。这就是后来国际通用的计量标准。

同时，居里夫人整理出了放射性元素蜕变的系统关系，发表了《论镭放射性系数的测定》、《论金属镭》等四篇论文。

她还写成并出版了《放射学专论》一书，这套两卷专著一共九百七十一页，包括了发现镭以后八年来她在这一领域所获得的知识。

随着在科学研究上不断取得的进步，居里夫人个人的名誉日见隆盛。在1910年以前她已经获得了二十二个名誉头衔，其中包括六个国外科学院的院士，如瑞典皇家科学院、圣彼得堡帝国科学院等。

1911年，为了推动实验室的发展，居里夫人申请成为法国科学院院士。尽管居里夫人的成就已经毋庸置疑，但是在法国科学院，认为女性不能当科学院院士的守旧派占了绝大多数，居里夫人以一票之差，被挡在了科学院的大门外。

尽管在法国国内，居里夫妇一直饱受排挤，但是在国际上，他们的成就却为科学界所尊崇。这年10月29日，在比利时的布鲁塞尔召开了第一届索尔维会议，居里夫人被邀请参加了这次会议。

索尔维会议是比利时著名企业家索尔维在1911年首倡召集的国际物理学会议，会议由他所创立的国际物理研究所主持召开。

每次会议由索尔维出资召集二十名左右世界上最著名的物理学家，讨论当前物理学的前沿问题，会议地点均在比利时首都布鲁塞尔。1911年，第一次索尔维会议的主题是“辐射理论和量子”。

▲第一届索尔维会议，右二坐着的是居里夫人

在这次会议上，除量子论外，爱因斯坦的“光子理论”也是会议讨论的重点。尽管大多数科学家强烈反对这种理论，但居里夫人却十分支持爱因斯坦。

尽管与爱因斯坦素昧平生，但是居里夫人在索尔维会议后不久，就应别人的要求，为爱因斯坦写了一封推荐信，对爱因斯坦大加赞扬：

> 我对爱因斯坦先生所发表的有关现代理论物理学的论文非常佩服，而且，数学物理学家都公认这些论文水平很高。
>
> 当我在布鲁塞尔与爱因斯坦一道参加科学会议时，我对他那透彻的分析能力，他所掌握资料的广泛，以及他的知识的深度极为欣赏。
>
> 只要考虑到爱因斯坦先生现今仍非常年轻这

一点，就完全有必要对他寄予极大的希望，把他看做是未来的首席理论物理学家之一。

我认为科学机构应该为爱因斯坦先生提供进行研究工作的机会。而任命他担任所应得的教授职位只会为该单位增添荣誉，并肯定将对科学进步有极大的贡献。

随后，在 11 月 7 日，居里夫人收到一封电报：“您将获得本年度诺贝尔化学奖。信随后寄来。”

12 月初，居里夫人由姐姐布罗妮雅陪同，带着女儿伊伦娜再次来到瑞典首都斯德哥尔摩。

12 月 10 日，授奖仪式在音乐厅举行。

瑞典皇家科学院院长达尔格伦博士在授奖辞中郑重地指出：

镭和钋的发现……扩展了我们的化学知识以及我们对自然界物质的了解……导致科学的一个新分支——放射学的诞生。镭的发现，首先对于化学，接着对人类知识的许多其他分支和人类活动，都有巨大的意义。有鉴于此，皇家科学院有理由认为，应当将诺贝尔奖授予两位发现者中的幸存者——玛丽·斯可罗多夫斯卡·居里夫人……

居里夫人当然也非常感谢瑞典科学院赋予她的无上荣光。她在获奖感言中，把人们对她的崇敬转献给了她的亡夫皮埃尔·居里的英灵：

在讨论到这次演讲的主题之前，我愿意提到这一点：镭和钋是皮埃尔·居里和我一起发现的。

在放射学领域内，有几种基本研究也要归功于皮埃尔·居里，其中有的是他独立完成的，有的是他与我、或与他的学生们合作完成的。

他死后，我继续进行我的研究，但是这和我们共同从事的工作密不可分。因此，我认为我可以这样理解：科学院给我的这份崇高的荣誉，也是对已故的皮埃尔·居里的推崇。

就这样，居里夫人第二次获得了诺贝尔奖，她不但是世界上第一位获得诺贝尔奖的女性，也是唯一一位两度荣获诺贝尔奖的女科学家！

小记者卡卡的访问感言

居里夫人从来都是那样谦虚，在巨大的荣誉面前，她总是喜欢把自己放在最次要的位置。

卡卡的小问题

1. 1910年，居里夫人取得了哪些成绩？

2. 1911年，居里夫人参加了什么会议？

第五节 回到波兰

1912 年 5 月，一个波兰教授代表团来到巴黎，他们给居里夫人带来了波兰伟大作家——1905 年诺贝尔文学奖获得者显克微支的一封信。在信上，显克微支代表波兰人民，请求居里夫人回到波兰工作，信上写道：

> ……我国人民崇敬您，更希望您回到故乡工作。这是全体人民的热切愿望。华沙有了您，我们会感到更有力量。我们因种种不幸而低下去的头，就可以抬起来了。我们向您伸手求助，请不要拒绝。

面对来自祖国的请求，居里夫人非常为难。

自己的身体状况非常差，而且她和皮埃尔渴望了多年的镭学研究院现在终于要建立了，如果这时她离开巴黎，就等于放弃了一个伟大的梦想。

思虑再三，她非常难过地写了一封回信，请显克微支原谅她不能回波兰工作。但她同意尽她最大的努力，指导波兰科学家在华沙建立一个放射性研究室，并派她的两个优秀助手波兰人达尼什和维丹斯坦因去实地管理。

1913 年，在华沙建立的放射性研究所竣工，波兰的科学家要求居里夫人出席开幕仪式。居里夫人决心回波兰一次，她不能让祖国的同胞们太失望。

在挤得满满的大厅里，玛丽平生第一次用波兰语作了学术演讲。她的姐姐们都来参加了，从前的同学们都围绕着她。

许多著名人物都簇拥在她的周围。典礼将要开始的时候，居里夫人忽然从主席台上跑下来，穿过捧着鲜花的人群，来到一位坐在轮椅上的老年妇女面前。

居里夫人深情地亲吻了这个人的双颊，亲自推着她走上了主席台。这位老年妇女就是居里夫人小时候的老师。在场的人都被这动人的情景所感动，热情地鼓掌，老人也流下了热泪。

卡卡的作文素材

居里夫人成为一个伟大的科学家之后，仍旧没有忘记曾经传授给她知识的老师。

沙俄当局不敢对居里夫人这样的知名学者说三道四，只好佯装不知。

这次活动之后，居里夫人开始关注波兰的科学发展。在她的晚年，她把更多的精力投入到了推动祖国科学事业的发展之中。

小记者卡卡的访问感言

居里夫人的感情是十分丰富的，既有对祖国深切的爱，也有对事业无限的爱，更有对师恩的感激。

卡卡的小问题

1. 居里夫人为什么回到波兰？
2. 居里夫人在演讲中穿过人群来到谁的面前？

第六节 成立镭学研究院

一场突如其来的暴风雨终于过去了，巴黎的上空又是一片阳光明媚，万里无云。这时候，巴黎出现了一阵“玛丽热”，各类邀请接踵而至。

居里夫人先后接受了伦敦、布鲁塞尔等地的邀请，前往参加隆重的科学聚会，出席名誉博士授衔仪式。所到之处，无不受到热烈的欢迎。

用不着鲜艳华丽的装饰，她的外表与她那惊人的意志，坚强的个性十分和谐；她的智慧和精力也达到了人生的峰巅。她要抓住这个黄金时期，为人类、为科学多作一点贡献。

从波兰回到法国之后，居里夫人的健康状况逐渐好转。

1913 年夏天，她决定带上两个女儿到瑞士东部地区作徒步旅行，顺便去会见不久前调到苏黎世联邦理工大学任教的爱因斯坦。

居里夫人比爱因斯坦大十二岁。他们彼此钦佩，是那种少有的“天才之交”。

爱因斯坦在与居里夫人交谈的时候发现，居里夫人的理论物理水平非常高，是欧洲极少数能理解自己提出的理论的人之一。

这次会面中爱因斯坦精神焕发，他与居里夫人有时用法语，有时用德语，不断地讨论着物理学上的问题。

结束旅行回到巴黎后，每天，居里夫人的日程表上都是排得满满的，教课、做实验、指导学生，没有一刻闲功夫。但皮埃尔的音容笑貌却时常会浮现在她的眼前，常常激起她无限的思恋。她朝思暮想要为皮埃尔建造一座“纪念碑”。

卡卡的作文素材

居里夫人是个精力旺盛的人。

她知道皮埃尔生前的最大愿望是有一个出色的实验室。居里夫人决定要建造一所皮埃尔曾经向往的、设备齐全、具有一定规模的实验室，作为对他的纪念。

一旦这个理想实现，她要让那些热衷于科学事业的青年，在这个实验室里研究放射现象。她不希望这些科学家遭遇皮埃尔和自己那样的痛苦和折磨。

尽管居里夫人是个闻名世界、声誉极高的科学家，但这个计划的进行，仍不十分顺利。当居里夫人提出要建一个镭学研究院时，当局并没有直接答应，一拖再拖。

这时候，有人提出建议：发动全国捐助。居里夫人坚决不答应。她知道，皮埃尔是不愿看到靠人们的施舍来建立实验室的。可是，因为居里夫人的声誉为世界人民所瞩目，为科学界所推崇，不少深明大义、眼光远大的人物都在关注这颗科学明星，她提出建实验室的消息不胫而走。

索尔本大学急忙和巴斯德研究院协商，决定由双方共同出资——各出四十万法郎，一起创建镭学研究院。其中包含两个部门：一个是研究放射学的实验室，由居里夫人主持；一个是研究生物学和放射疗法的实验室，由著名学者兼医生克娄德·瑞果教授主持。研究院就建在为纪念居里先生而命名的皮埃尔·居里路。

居里夫人对这个实验室倾注了极大的热情，她常常跑到建筑工地去，与工程师们拟订计划，讨论施工中的问题。

居里夫人希望年轻一代的科学家能有更优越的工作环境，可以专心致志地埋头搞研究。她要求房间宽大，窗户宽大，以便有充足的阳光。她要求有电梯，但又不能奢华。只要能抽出一点时间，她都愿同工人们一道，为研究院洒一把热汗，添一块砖瓦。

一天，居里夫人正在实验室搞试验，一位昔日的工友来找她。这个朴实忠厚的人哭丧着脸，一副十分难过的样子。

他告诉居里夫人："理化学校要建筑阶梯教室，那个棚屋就要被铲平了。"

居里夫人立刻起身，脸上顿时爬满了忧伤。她一句话也没有说，平静地随着这个旧日朋友来到这个破烂的棚屋。

几年来，这间破烂的棚屋依然如故。居里夫人静静地伫立在棚屋前……永别了，棚屋！棚屋即将在地球上消失，但它的丰功伟绩，它的荣誉和辉煌将载入史册，流芳千秋。

经过一段时间的奔波和劳累，居里夫人的心血换来了成果。梦想终于变成了现实。镭研究院终于于 1914 年 7 月竣工。

在那个雅致的白色建筑群的大门口，用石头刻着几个醒目的大字："镭学研究院——居里馆"。它是前途的庙宇，辉煌的象征。

居里夫人看着眼前的"居里馆"，一种说不出的滋味油然而生。如果皮埃尔健在，看到这个现代化的研究院，夫妻双双在这里研究和工作，他会多么高兴和幸福啊！

为了度夏，居里夫人在法国西部的布列塔尼租了一所别墅，她先把两个女儿送去，打算忙完手头的工作，8 月初到那里和孩子们团聚。然后，她就要进入新建成的实验室，开始新的研究工作了。

小记者卡卡的访问感言

居里夫人奋斗的脚步从未停止过，她的人生充满了意义。

卡卡的小问题

1. 居里夫人在瑞士见到了谁？

2. 居里夫人为什么积极筹备创建镭学研究院？

【名人名言】

生活中没有什么可怕的东西，只有需要理解的东西。

——居里夫人

我从来不曾有过幸运，将来也永远不指望幸运，我的最高原则是：不论对任何困难都决不屈服！

——居里夫人

只要有一种无穷的自信充满了心灵，再凭着坚强的意志和独立不羁的才智，总有一天会成功的。

——莫泊桑

任凭怎样脆弱的人，只要把全部的精力倾注在唯一的目的上，必能使之有所成就。

——西塞罗

人的思想是了不起的，只要专注于某一项事业，就一定会做出使自己感到吃惊的成绩。

——马克•吐温

意志是独一无二的个体所拥有的、以纠正自己的自动性的力量。

——劳伦斯

不要灰心，不要绝望，对一切都要乐观……需要有决心——这是最要紧的，有了决心一切困难的事都会变得容易。

——果戈理

小记者卡卡有话说

同学们，你们想知道居里夫人是如何从一个科学家变成一位战地女英雄的吗？相信读完这章，你们会跟我一样敬佩居里夫人博爱无私的胸怀！

第八章　世界大战的来临

第一节　放射治疗车

居里夫人万万没有想到的是，就在她的生活逐步走上正轨的时候，一场无情的“风暴”使她的工作和生活被迫停顿下来。就在这年，战争的烽火在欧洲大陆熊熊燃烧起来，第一次世界大战爆发了！

20世纪初，以英国、法国、俄国为一方的协约国，和以德国、奥匈帝国、意大利为核心的同盟国，在争夺商品市场和重新瓜分世界的斗争中，矛盾日趋激烈。

1914年6月28日，就在居里夫人的镭学研究院正式启动的前两天，在塞尔维亚的萨拉热窝发生了谋杀奥地利皇储弗朗茨·斐迪南的事件，这是导致第一次世界大战爆发的导火线。

刚开始的时候，巴黎人还天真地以为法国不会卷入战争，但是，在8月3日，残酷的事实将这个幻想彻底地击破了。

德国军队对俄国宣战之后，又借道比利时向法国挺进，而居里夫人的祖国波兰，在战事爆发的头几天就被德国人占领了。

在战争初期，作战的双方都相信圣诞节以前就能结束战争，然后凯旋。那时候，每位走向战场的亲人都会在胸前挂满勋章，载誉而归，成为本国的英雄！

然而，后来的事实证明，这只是人们的一种童话般的幻想罢了！接连发生的战事很快便证实这不过是政治家们宣传的噱头，人们很快便尝到了战争带来的一切最可怕的恶果！战争超出了人们的最初设想，无限期地持续了下去。

▲第一次世界大战

在战争的开始阶段，由于德国人的战术非常成功，法国军队节节败退。德国军队乘胜追击，迅速推进，法国首都巴黎受到了严重的威胁。

当德国军队逼近巴黎的时候，那里的科学工作被迫停止了。法国人民摩拳擦掌，为了保护自己的祖国，人们争先恐后地应征入伍。研究院的职工都是一些年轻有为的中青年，意气风发的爱国者，他们也被动员了起来。大家放弃了手头的研究工作，加入军队之中。

索尔本的许多教授都离开了巴黎。居里夫人实验室的工作人员几乎全部入伍，她的身边只剩下了患心脏病的机械师路易·拉果和一位身材过于矮小的女仆。

居里夫人冷静地考虑了种种可能发生的事情，发现自己不能去布列塔尼了。她写信给她的两个女儿：

> 亲爱的伊伦娜和艾芙：
>
> 因为情况紧急，妈妈暂时不能离开巴黎。你们不要担心，不要慌乱，要勇敢镇静，一有机会我就设法接你们回来。
>
> 万不得已时，我会留在巴黎。到那时，伊伦娜，你和我都要尽力做些对国家有益的事。伊伦娜，你有责任照顾好妹妹。如果我们的分离比我预想的还要长久的话，你要特别照顾好妹妹。

战况对法军越来越不利，法国政府也从巴黎迁到了西部港口城市波尔多。

虽然居里夫人能够从容地置身于被包围的巴黎之中，但是有一件宝物——实验室所拥有的那一克镭，必须把它保护好。这可是她和皮埃尔在棚屋中不知花费了多少个日夜才提炼出来的。居里夫人决定亲自把这个贵重的东西送到波尔多去。

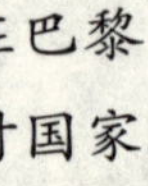

卡卡的作文素材

为了宝贵的镭，居里夫人不惜冒着生命危险，要将它送到波尔多。

残酷的战争将社会搅和得异常的混乱不堪，到处都是人心惶惶的难民。大批的法国人挤在水泄不通的车厢里，逃往波尔多。玛丽提着装着许多小试管的、包了铅皮的沉重匣子，随人流挤下车。

这时候，天渐渐黑下来，任凭匆匆而过的人流的撞击，玛丽极力守护着这个价值100万金法郎的匣子。

“到哪里去呢？”这时候，居里夫人才发现，自己连住的地方都没有。

正在居里夫人左右为难的时候，一个在法国政府某部工作的雇员认出了她，为她解了难，帮助她找到了住房。

第二天，居里夫人妥当地把镭存到了银行。之后，又尽快赶回巴黎。

这时候的巴黎已经处在了危险的边缘，一些悲观的人士已经发出“巴黎守不住了”的论断。一时间，大街小巷都充满死亡的讯息。玛丽尽力想平息那些使人惊慌的谣传，并且坚决地强调巴黎“可保”，居民们一定不会遇到任何危险。

不论是出于信念还是判断，当居里夫人回到巴黎的时候，传来了一个消息：德国人的进攻被粉碎了！

对于巴黎来说，这当然是一个好消息。但是，这同时也说明，所谓“圣诞节前结束战争”肯定是一个泡影，战争必然会长期拖下去了。

战争的持续使得伤员越来越多。面对这种局面，居里夫人认为自己应该做点有意义的事情，来为她的第二祖国——法国服务。她首先想到的是卫生设备问题，战争会使许多人伤亡，她想知道法国政府对此有何准备。

自从1895年德国实验物理学家、第一位诺贝尔物理学奖获得者伦琴发现X射线以来，医生们已经不用通过外科手术就可以探查人体内部，可以看到人的骨骼和器官，并能拍出照片来。但战争爆发时的法国，只有很少几个会使用X光设备的医生，而且X光设备也很少，全法国只有几套。

居里夫人发现军队医院和各战地医疗队非常缺乏X光机，这样就会严重影响外科手术的准确性并拖延进行外科手术的时间，而这种延误会大量提高伤员的死亡率。

很快，她想出了一个很好的办法，她用法国妇女联合会的款项，研制了第一辆“X光汽车”，也叫放射治疗车。

这种车是在一辆普通汽车里安装一套X射线设备和一个发电机，用汽车上的发动机带动这个发电机，提供仪器所需的电能。车上配备一名医生、一名助手和一名司机，由他们在战场上及时为伤员进行透视检查，以保证外科医生及时而准确地进行手术。

小记者卡卡的访问感言

居里夫人的爱国之情不是狭隘的，准确地说，她对全人类都有着深挚的感情。

卡卡的小问题

1. 就在镭学研究院启动的前两天发生了一件什么大事？

2. 战争发生后，居里夫人做的第一件事是什么？

第二节　飞走在战场上的白衣天使

1914 年 11 月 1 日，居里夫人装备的二十多辆战地“X光汽车”驶向了战场。

这时，战场上已经死了二十多万人，还有十多万人受伤急需治疗。由于操纵 X 光机的技术人员短缺，她又在巴黎办了一个短期操作训练班，只需要几天工夫就可以让一个从来没见过 X 光机的人熟练地操作它。

此时的居里夫人已经是四十七岁的人了，身体一直很不好，但她的精力却让许多身强力壮的军人都感到吃惊。她很快学会了开汽车，并从“X 光汽车”里留了一辆供自己使用。

那是一辆平头的雷诺牌汽车，车身像送货汽车一样，车厢照规则漆成了灰色，上面还有一个红十字标志，并且画上了一面法国国旗。

卡卡的作文素材

居里夫人置生死于度外，积极给伤员治疗。

居里夫人就开着这辆车，过起了冒险家和医疗大队长的生活。谁都难以想像，这位浑身是汗水和泥水的妇女，竟是两次获得诺贝尔奖的伟大的科学家！战争期间，很多医院都留下了她匆忙的足迹，留下了她的音容笑貌。有几次她几乎献出了宝贵的生命，可是，居里夫人却将个人的生死置之度外。1915 年 4 月中旬的一天，居里夫人接到了一项新任务——政府决定让她和司机、助手一起去佛耳芝医院抢救病人。那时候，居里夫人的肾痛刚刚好转，身体还是非常的虚弱和疲惫。

佛耳芝医院离巴黎比较远，而且，到达那里需要翻过几座小山坡，道路异常弯曲狭窄，更主要的是，那里的医院设施比较差。

看着列队而来的、痛苦呻吟着的伤员，居里夫人感到特别的痛心，特别紧张。而且，有的病人由于受伤时间太长、伤口化脓，发出了撕心裂肺的叫喊，这一切都让她肝肠寸断。

卡卡的作文素材

居里夫人对伤员有着无限而崇高的爱。

居里夫人连续在这里工作了二十多个小时，终于完成了任务。这时候，大家已经是极度的疲惫，本该留下来歇息一天。

但是，居里夫人想到她还有别的任务，在其他地方还有更多的伤员等着他们去抢救。一想起那一张张被痛苦折磨得变形的脸，居里夫人的心里就十分难受，便决定迅速离开。

汽车在崎岖的山路上飞奔起来。

4月的法国东部，天气寒冷，雨水不停。由于道路泥泞，司机一不小心，汽车翻到沟里去了。

司机从驾驶室爬出来，急得像热锅上的蚂蚁，不知所措地围着车子跑：“夫人！夫人！你在哪啊，你怎么样了？”

居里夫人听到这惊奇的喊声，便拨开仪器爬起身，伸出头来。看到自己这副狼狈样子，竟笑了起来。原来，居里夫人本来是凑合着坐在车里的，周围都是仪器。车子翻

卡卡的作文素材

居里夫人把手术器材看得比自己的生命都重要。

过来的时候，一堆倒下来的仪器匣子把居里夫人掩埋了起来。

司机赶忙把居里夫人从仪器堆里拉出来。她爬出来第一句话就问：“仪器，我的仪器损坏了没有？”

为了看个究竟，她又爬进车里。当看到自己的仪器中多了一些碎片时，她非常气愤：“我的 X 光照片全打碎了，X 光照片……”

居里夫人伤心地蹲在那些碎片前，一个劲地自言自语。助手和司机一齐劝她：“夫人，只要人没受伤就是幸事。”

他们扶起居里夫人，看见她的右边脸上、臂上、腿上均擦出了一道道的血痕……

在大战期间，居里夫人除了装置二十辆放射治疗车外，还为前线各医院配备了二百个 X 光室。这些设备都是她亲自创设并指导的。这些设备在第一次世界大战中，救助的伤员总数超过一百万。

当时有许多人对用 X 射线检查身体感到害怕，一些保守的医生也不肯相信这种方法，居里夫人总是耐心地说服他们，以事实证明给他们看。当医生的解剖刀按照 X 光拍照的位置碰到了伤员身体内的子弹时，他们全都信服了。

居里夫人和她的汽车总是随叫随到，为了帮助伤员死里逃生，为了减轻他们身体上的疼痛和精神上的愁苦，她从不吝惜花费时间和气力。她工作耐心细致，态度诚恳亲切，声音委婉柔和。

学者的冷静和一丝不苟以及护士那种真诚体贴的精神，在居里夫人身上完美地融为一体。不久，战地救护所和野战医院的士兵们都熟悉了这位鬓发斑白的瘦削妇女。整个前线都认识了她的汽车，士兵们亲切地称它“小居里”。

小记者卡卡的访问感言

居里夫人舍生忘死救助伤员的牺牲精神激励着我们。

卡卡的小问题

1. 居里夫人发明的“X光汽车”在战场上发挥了什么作用?

2. 居里夫人在战场上做了哪些工作?

第三节 母女的通力合作

支撑居里夫人的不只是她的科学知识和她的勇气，还有她设法摆脱困境的能力。她常常忘了早餐，忘了晚饭，有时住在护士住的小屋子里，有时在露天的地方支一顶小帐篷，有时裹一件军大衣在遍体鳞伤的汽车里过夜。

司机不在的时候，她就自己开着汽车，颠簸着在路况极坏的道路上行驶，人们还常看到她冒雨站在泥泞的马路上，在敞开的汽车头前检查冷却器，或是在艰难地拖拽新的汽车轮胎。

第一次世界大战爆发期间，女儿伊伦娜和艾芙受到了母亲的影响，积极参加了给前方战士织毛衣的工作。工作之余，她们把小旗插在饭厅墙上的一张大地图上，标出战略要地，密切注视战争的动向，关注着母亲的去处。

当德机在头上轰炸的时候，她们记住母亲的教导：绝不躲到被窝里发抖。

玛丽喜欢女儿的勇敢坚强，喜欢女儿加入有意义的工作。后来，玛丽把十七岁的伊伦娜带上前线。

卡卡的作文素材

居里夫人不仅自己勇敢、独立，也注意培养女儿的勇敢精神。

居里夫人珍视妇女的勇敢精神和独立自主，她也用这些品质去培养教育自己的女儿们，十七岁的伊伦娜已经学会X光照相术，她先是做母亲的助手，后来单独接受任务，在一辆“小居里”上工作，奔忙在战争前线。

1915 年，居里夫人把她存放在波尔多的一克镭取回，捐献给了一个医疗服务机构使用，医治各地受伤的战士。

伤亡的士兵在不断增加。居里夫人深深感到放射技术所需要的专门人才太缺乏，她为此忧虑不安。她建议政府开办 X 射线专业学校。

▲这是居里夫人（右）在指导

计划实现了。讲课的教师是：居里夫人、伊伦娜和与她们同实验室的克兰小姐。

在学校招生期间，一次，居里夫人在给伤员做完检查正要离开的时候，一位姑娘出现在她面前，害羞地问道："夫人，听说您要培养一批妇女成为负责 X 射线检查的护士？"

"是有这回事，怎么，你也想加入这个行列吗？"居里夫人和气地回答。

"是的，我是很想做，可是我的文化程度……"

"你现在是做什么工作的？"居里夫人追问道。

"我，我在一户人家做女仆。"姑娘犹豫了半天，才做出回答。

"这没有关系，只要你认真去做，所有的工作都是有价值的。如果你真的想成为一名护士，你就要勤奋学习，那样的话，文化水平就不会成为你的障碍了。"

就这样，从 1916 年到 1918 年，居里夫人的学校培养出了一百五十名放射科护士。其中不少人仅受过小学

卡卡的作文素材

居里夫人为战地培养出了上百名的放射科护士。

教育，但居里夫人热诚地欢迎她们，讲课的内容尽量通俗易懂，少讲理论，把重点放在实践上，每一节课她们都能听得明明白白，所以她们很快就树立了信心。

在为期四年的战争中，居里夫人几乎从来没有休息过，只有一次到南方去看望二女儿艾芙时，她才得以休息了几天。

1918 年 11 月，持续了四年之久的第一次世界大战终于结束了。德国人终于因不敌协约国的军事力量，被迫在巴黎东北的贡比涅森林签署投降条约。

这样，一场历时四年零三个月，参战国为三十三个国家，有十五亿人卷入的战争，终于在付出了死伤两千万人的代价后，以同盟国集团的失败而告终，和平终于回到了人们身边。

小记者卡卡的访问感言

居里夫人的忘我奉献的崇高品质深深地影响了女儿，她为女儿树立了良好的榜样。

卡卡的小问题

1. 居里夫人重在培养女儿们的什么精神？

2. 从1916年到1918年，居里夫人共培养出多少名放射科护士？

名人名言

我认为，你们必须从一种理想主义中去寻求精神力量。在不使我们骄傲的情况下，这种理想主义可把我们的希望和幻想上升到一个很高的境界。

——居里夫人

爱国主义就是千百年来巩固起来的对自己祖国的一种深厚的感情。

——列宁

为中华之崛起而读书。

——周恩来

天下兴亡，匹夫有责。

——顾炎武

谁不属于自己的祖国，那么他也就不属于人类。

——别林斯基

为祖国而死，那是最美的命运啊！

——大仲马

爱祖国高于一切。

——肖邦

人类最高的道德是什么？那就是爱国之心。

——拿破仑

爱国是文明人的首要美德。

——拿破仑

假如我是有一些能力的话，我就有义务把它献给祖国。

——林耐

纵使世界给我珍宝和荣誉，我也不愿离开我的祖国。纵使我的祖国在耻辱之中，我还是喜欢、热爱、祝福我的祖国。

——裴多菲

热爱祖国，这是一种最纯洁、最敏锐、最高尚、最强烈、最温柔、最无情、最温存、最严酷的感情。一个真正热爱祖国的人，在各个方面都是一个真正的人。

——苏霍姆林斯基

爱国应该和爱自己的家一样。为了国家，不仅是牺牲财产，就是牺牲生命，也在所不惜，这就是报国的大义。

——福泽谕吉

爱国主义的力量多么伟大呀！在它面前，人的爱生之念，畏苦之情，算得是什么呢！在它面前，人本身也算得是什么呢！

——车尔尼雪夫斯基

漫画展示厅

刻苦勤奋是名人成功的基石

姐夫打算请玛丽去听音乐会。

玛丽答应了一起去。

玛丽受到了音乐会的感染。

玛丽为自己浪费了学习时间而感到懊悔。

玛丽非常节省时间，将做饭的时间都省下来了。

晚上，玛丽总是到温暖明亮的图书馆里读书。

为了节省钱，玛丽将自己的炉火钱都省下了。

为了御寒，玛丽将衣服、毛毯等几乎所有的衣物都裹在身上。

玛丽病倒了。

玛丽正在医院接受治疗。

姐夫对玛丽的健康状况很担心。

为了不让姐姐和姐夫过于担心，玛丽说出了实情。

为了能够更有效地学习，玛丽每天都第一个进教室，坐在第一排。

玛丽特别喜欢物理实验课。

玛丽耐心地做着一个难做的实验。

玛丽总是最后一个离开实验室。

小记者卡卡有话说

同学们，你们想知道居里夫人在美国具有多大的号召力吗？快快阅读这章内容吧！相信你们会获得一份激动与喜悦！

第九章　一克镭

第一节　从硝烟弥漫的战场上回到实验室

世界大战结束的喜讯传来时，居里夫人正在实验室里。

听到宣布停战的炮声，她怀着激动的心情走上大街。她想用法国国旗把镭学研究院装饰起来，可商店里的国旗都卖光了，她只好买回了红、白、蓝三色布料亲手缝制。

把做好的旗帜挂在窗前后，居里夫人仍抑制不住喜悦之情。她坐上那辆在战争中使用了四年的雷诺牌放射治疗车，开过几条大街，在潮涌一般的欢乐的人群中驶过。

到了贡科德广场，人群使汽车受阻不能前进。有人趁机爬上了车顶，等到这辆车再向前行驶时，车上已经增加了十来个兴奋不已又互不相识的乘客。

人们疯狂地拥住这辆载誉归来的破车，又是欢呼，又是跳跃，整个巴黎被潮水般的人流淹没了。一个胜利使居里夫人如此兴奋，又一个胜利更使居里夫人欣喜若狂：遭受了150 年侵略者的统治和蹂躏的祖国波兰终于获得了自由！

大战的结束，也使波兰获得了独立。祖国从长达一个半世纪的外国统治枷锁下解放出来，人民得到了自由。

对居里夫人来说，这一特大喜讯比法国的胜利更让她高兴。

她写信给哥哥约瑟夫说道：

现在，我们这些“在奴役中出生、在枷锁下长大”的人们，终于看到我们的国家复活了。这是我们一直以来的梦想，但是我们从没有奢望过能亲眼见到这个时刻。

我们当初以为也许连我们的子女也看不到了，而这个时刻居然已经到来了！我们的国家为了这种幸福曾付出了极大的代价，并且还要继续付出代价。

但是假如大战终结后，波兰仍受束缚，仍然处在分裂状态，我们将是如何悲痛、如何失望啊！这样看来，目前形势的阴云，真是不足为道了。我和你一样，确信前途大有希望。

四年战争留下的伤痕是那么深。战争不仅搅乱了居里夫人的科学工作，而且像许多家庭一样，还让她彻底破了产——她交给国家的钱已经化为乌有。

战争结束时居里夫人已经五十一岁，考虑到自己的物质生活状况，她很焦虑。今后，她们一家三口人的生活，就将完全依靠她每年一万两千法郎的教授薪金生活。但是，她的身体状况不容乐观，不知能不能干到退休年龄，实验室的情形也令人担心。

参战的人员和学生陆续返回巴黎，但有十分之一的科研人员在战争中丧生，1911—1913 年的巴黎高等师范学校的学生有一半或死亡或负伤，受伤的学生一时也无法复学。

而且，这些经历了九死一生的人，对于是否进入大学或研究部门还十分犹豫。为了维持生活，大量科技人才涌入工业界，科学界因此元气大伤。

卡卡的作文素材

为了科学事业，居里夫人坚持工作。

“但我必须干下去，前进的路只有一条。”为了战后继续发展放射疗法，为了谋求放射学的进步，为了建设具有现代化设备的研究院，居里夫人必须继续工作。

当时，有的科学家认为应该宣扬居里夫人在战争中所进行的 X 光诊治。于是，有人请她写了一本《论放射学与战争》的书，希望将来有更多的人能从她的实践中受到启发。

她在书中颂扬了科学发现的好处和对于人类的价值，并从悲惨的经历中得出一些支持科学的新论据。

> 直到大战前，X 射线的用途还很有限。这次大灾难降临于人类，牺牲者的总数令人惊惧，因此人们受到刺激，热切地希望挽救所有可以挽救的人，希望利用一切可能避免丧生和保护人类生命的方法。
>
> 我于是开始努力，要使 X 射线发挥最大效用。以前显得困难的问题变得容易解决了，器材和人员像施魔法般地增加着，不懂的人来学，不注意的人开始用心。科学上的发现就这样征服了它的天然活动领域。
>
> 科学在 19 世纪末把种种新放射性物质揭示给我们。这种种新发现，应该使我们对于公正无私的研究更有信心。

卡卡的作文素材

居里夫人的付出从不为得到。

书中只论述了放射学在医学上的应用问题，至于居里夫人本身的劳苦和献身精神却只字未提。

那时，战争中有功的人几乎都挂上了勋章，居里夫人在四年中忠诚地为法国服务，救了许多人的性命，可她却什么也没有得到。有人表示不理解，居里夫人却答道：“我对勋章和荣誉没有兴趣。我只希望多一点时间在实验室里拼命工作……”

经历了残酷的流血惨剧，人们更加珍惜和平的岁月。从硝烟弥漫的战场上归来的实验室的助手和员工们，看见居里夫人种的花草已长出绿叶，感到无比欣慰。中断了几年的研究再次开始，人们对工作更加投入，研究院内经常充满富有朝气的欢声笑语。

居里夫人每天都到镭学研究院的实验室里工作。除了她自己的研究外，她周围还有一大群青年学者，她负责考查他们的能力，指定他们的工作，解答他们的问题，帮助他们纠正实验中出现的错误……在关注科学界的同时，居里夫人也没有忘记自己的两个女儿。

一天晚上，她用明亮的眼睛看着两个女儿，请她们和她并肩站在一起。她发现，伊伦娜的身高已经超过了妈妈，艾芙也快和妈妈一样高了。

她说：“真高兴，你们都长大成人了。”

伊伦娜，这个二十一岁的大学生把聪慧的眼神投向妈妈，她镇静、平和，很像她的爸爸。她从内心尊敬自己的母亲，而且决心要当物理学家，走父母的道路，研究镭，她从来没有怀疑过自己的使命。对于科学的爱好和天赋，使她很自然地产生了一种抱负：她要永远在她看着建筑起来的实验室里工作。

居里夫人欣喜地发现了大女儿的成熟，过去她不是在繁忙的研究中，就是在战火纷飞的战场上，从来没有静下心来考虑过孩子们的未来。

但伊伦娜已经选定了自己的道路，居里夫人感到十分欣慰。

“妈妈，你知道我想干什么？”艾芙笑着问。

“干什么？”

“很遗憾，我不想让居里家再出更多的科学家了，我对科学不感兴趣。我要学音乐。”

尽管居里夫人非常希望艾芙攻读医学，研究镭在医疗方面的应用，但她并不强迫女儿向这方面发展。她毫不厌烦地支持女儿每一种任性的计划，对于艾芙希望学音乐的想法，她照样表示赞赏，即使女儿常常会因为年轻冲动而改变想法。

现在世界大战结束了，所有人的生活都应该翻开新的一页了！不过居里夫人不会想到，她的生活中的“新的一页”，为科学的发展打开了一条新的道路。

小记者卡卡的访问感言

居里夫人的人生像蜡烛一样，燃烧了自己，照亮了别人。

卡卡的小问题

1. 从战场返回实验室后，居里夫人又做了哪些工作？

2. 居里夫人为什么要写《论放射学与战争》这本书？

第二节 结识麦隆内夫人

1920年初，居里夫人的一位好友告诉她，说有一位美国女记者想来采访她。居里夫人一向不喜欢被打扰，于是回绝道："我除了提供技术情报外，对新闻界人士一概不接待。"好友说："我知道你的规矩，但是这位麦隆内夫人不一样，你最好见见她，我相信你不会因为见了她而后悔的。"

麦隆内夫人是美国著名的新闻记者、美国纽约妇女杂志《写真》的总编辑。她和许多人一样，为居里夫人的成就和人格魅力所倾倒。作为一名记者，麦隆内夫人一直在找机会接近居里夫人。

在几次会面请求被拒绝之后，麦隆内夫人又请一位物理学家朋友替她转了一封信给居里夫人，信上说：

> ……我的父亲是位医生，他常对我说，因为人的重要性是有限的，所以不能随意夸大。可是二十年来，您是我心目中最崇拜的人。我恳请您允许我对您作一次简短的拜访。夫人，我只想打扰您几分钟。

1920年5月的一个早晨，麦隆内夫人终于被引进了镭学研究院的小会客室。她这年三十九岁，比居里夫人小十四岁。因为小时候一次车祸造成的后遗症，她走路有点跛。

这次会面对居里夫人的人生也很重要，她因此结识了后半生中最重要的朋友。

对于这次会面，麦隆内夫人后来有详细的记述：

门开了，我看见一位脸色苍白、神情忧郁的妇女走进来。她穿着一件黑棉布衣，双手显得很粗糙。她有一个习惯性的动作，就是用手指尖不断地快速摩擦手指节，后来我才知道，这是由于镭的辐射所引起的手指麻木所致。

在她那美丽而温和的脸上，带着专心做学问的人常有的心不在焉的表情。我突然觉得我的到来是在打断她的生活。

面对沉静内向的居里夫人，已经当了二十多年记者的麦隆内夫人，似乎忘记了应该怎样采访，在居里夫人面前她居然问不出一句话来。

调整好情绪之后，麦隆内夫人才进入采访状态，开始向居里夫人解释美国妇女对她从事的工作的兴趣，并阐释自己此番访问的目的。

麦隆内夫人说，自己的杂志社曾接到许多读者来信，要求邀请居里夫人访问美国。美国妇女对她的伟大工作极感兴趣，很想了解她目前的情况。居里夫人对麦隆内夫人提出的其他问题不感兴趣，只是谈到镭，她才兴致勃勃起来。

居里夫人对镭十分关注，对美国制镭业的飞跃发展极感钦佩和羡慕。她们俩的谈话自然转到美国的制镭业上了。

麦隆内夫人对居里夫人能够记得美国每一克镭所在的地方感到惊奇，不由问道：“法国有多少克镭？”

居里夫人回答：“我们的实验室里只有一克镭。”

麦隆内夫人好奇地说：“夫人，您只有一克镭吗？”

“我？啊！我一点也没有，这一克镭是属于我们实验室的。”居里夫人立刻进行了更正。

卡卡的作文素材

居里夫人没有将镭归为自己，认为它是属于国家的。

麦隆内夫人接着谈到了专利权问题，以一个美国人的想法，她以为镭的专利收入应该使居里夫人早已成为巨富。

居里夫人却平静地说：“我认为在这个世界上，没有人应该以镭致富。镭是一种化学元素，它属于全人类。”

麦隆内夫人接着问：“如果世界上所有的东西任您选择，您最想要的是什么呢？”

居里夫人迟疑了一下，回答道：“我很想能有一克镭进行研究，但是我买不起。对我来说，镭的价格太贵了。”

经过参观，麦隆内夫人发现，居里夫人的实验室虽是新建的，但设备并不完备，而且她拥有的那一克镭已经捐献出来，用来制造镭射气管，以供医疗之用。

看到居里夫人如此高尚的品行和对科学的不懈追求，麦隆内夫人觉得自己应该为这位伟大的妇女做些什么。采访结束后，麦隆内夫人打听到一克镭的价格是十万美元，于是她想出了一个特别的计划：她要回到美国去，大力宣传居里夫人的伟大发现和高尚情操，然后向美国妇女募捐，为居里夫人购买那一克她本来应该有钱买得起的镭，用这种方法来表达美国妇女对居里夫人崇高的敬意。

小记者卡卡的访问感言

居里夫人崇高的人格精神感动了麦隆内夫人，她终于将要获得本该属于她的那克镭。

卡卡的小问题

1. 居里夫人为什么答应见麦隆内夫人？

2. 麦隆内夫人为帮助居里夫人想出了一个什么计划？

第三节 购买“一克镭”计划

离开巴黎时，麦隆内夫人已经和居里夫人谈妥了这个计划。

居里夫人虽然一贯不愿谈钱，然而战后法国的经济萧条，她看不出有什么更好的办法来解决研究经费这一紧迫的难题，更何况麦隆内夫人是那么热心。

她们还约定通过电报告知募捐进展的情况，而且使用“暗语”，麦隆内夫人将她在纽约的电报代号取名为“理想主义”。

起初，麦隆内夫人想找十位富裕的妇女，劝她们每人出一万美元，凑起来买这件礼物，但没有成功。因为十个人中只有三个人肯如此慷慨。

她又想，为什么只找十位富裕的妇女呢？为什么不组织一个全美妇女捐款运动呢？

很快，麦隆内夫人组织了“玛丽·居里镭基金会”，在全美展开了募捐活动。

转眼一年过去，居里夫人接到了一封来自美国的信，信上说：“钱已凑足，镭是你的了！”

这些美国妇女慷慨地援助居里夫人，但是作为交换条件，她们也有自己的要求。她们亲切、友好地问她：“您为什么不来看我们？我们希望认识您。”

居里夫人犹豫不决，她永远怕见人群，怕面对大张旗鼓的欢

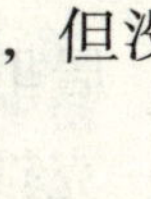

卡卡的作文素材

居里夫人不喜欢受到人们的关注。

迎场面和讲究排场的宴会，而美国是世界上最喜欢公开宣传的国家，她感到忐忑不安。

居里夫人便以种种理由为借口，拒绝接受邀请。麦隆内夫人仍像约会居里夫人一样至真至诚，她努力排除居里夫人的种种顾虑。

她对居里夫人说：“你不愿意离开你的女儿们？那我们也请她们来。繁文缛节使你疲倦吗？我们会拟定最合理的接待日程。一切都会照你的意思办。来吧，我们会给你安排一次很好的旅行，美利坚合众国的总统将在白宫会亲自把这一克镭交给你。”

居里夫人被真诚所打动，她抑制住自己的一些顾虑，在 54 岁时开始了平生第一次重大的旅行，同意前往美国。

她们最后决定，居里夫人带上两个女儿乘船去美国。在美国除了领取那一克镭以外，还要从东到西穿越美国，沿途参观各著名大学、实验室；出席宴会，接受名誉头衔（19 个）和奖章（4 枚）；还要为各地妇女组织演讲和在学术团体作学术报告……总共花六周的时间。

对这次远行最高兴的是居里夫人的女儿们，艾芙再三要求妈妈为这次美国之行买一两件稍微漂亮点的新衣服。而且无论如何也要把她那些早就褪了色、旧得不能再穿的衣服留在巴黎。

各大报刊就居里夫人赴美之事，连连刊发消息和评论，宣传居里夫人此次赴美的重要意义。这种情况让法国政府很为难，居里夫人享有那么高的盛名，到美国去又将享受国宾级的接待规格，她却什么头衔也没有，这似乎有些不合情理。

因此，政府当局召开紧急会议，决定授予居里夫人骑士勋章。但是居里夫人坚决拒绝接受。她说："我只不过是一名普通的物理学研究人员，是个完全不适合荣誉和奖赏的人。"后来她请求政府把骑士勋章授予麦隆内夫人。

卡卡的作文素材

居里夫人的谦虚体现在很多时候。

1921 年 4 月 27 日，法国《我都知道》杂志社在巴黎大剧院为居里夫人赴美开了欢送会。法国著名演员、剧作家及导演萨沙·吉赖负责组织这次盛会，演出大获成功，而当日的所得款项则全部捐给了居里夫人的镭学研究院。

小记者卡卡的访问感言

居里夫人的淡泊名利让她失去了很多，但也得到了很多。

卡卡的小问题

1. 居里夫人在美国将受到怎样的礼遇？

2. 居里夫人在美国接受了哪些荣誉？她对待这些荣誉的态度是怎样的？

第四节 盛大的赠镭仪式

在接下来的日子里，居里夫人乘坐专车，到一个又一个妇女团体和科学团体作演讲、听介绍；参加一个又一个的宴会，从卡内基音乐大厅到豪华显贵的华尔道夫饭店，从纽约城北的西点军校到市内的自然博物馆……

整天不停地活动、奔忙、讲话、赴宴。大学妇女联合会在纽约卡内基会堂举行了盛大的欢迎集会，各学院的代表都向居里夫人鞠躬致敬。

在美国的著名教授、法国大使、波兰大使面前，居里夫人接受了学位、奖章和一项特殊荣誉——“纽约市民特权”。

以后的两天，美国各科学团体的五百二十七名代表聚在瓦尔道夫·阿斯多利亚欢迎她。人们的过度狂热让习惯宁静生活的居里夫人感到有些吃不消。

会上，一个狂热的崇拜者在和她握手时因过于兴奋，竟把她的手握伤了，她不得不把手臂悬在绷带里继续旅行。

面对越来越多的应酬，居里夫人实在力不从心，于是对于有些宴会，她就让伊伦娜和艾芙去“代行职责”。接受名誉头衔这样比较严肃的会议，一般由伊伦娜代替；艾芙则多去参加宴会之类的活动。

卡卡的作文素材

居里夫人拙于应对各种社交活动，她心里只有科学事业。

尽管如此，主人们想见的仍然是居里夫人本人。为了解决这一矛盾，居里夫人有时去应个景，稍坐片刻，然后再留下艾芙去“代行职责”。这种两全其美的方法，让双方皆大欢喜。

5月19日，是总统接见的前一天。在招待会后，麦隆内夫人到居里夫人住的客房里，把镭的赠送文本交给居里夫人审阅。

居里夫人戴上眼镜看完以后，说：“文件还必须要做一些修改。美国赠送给我的一克镭，应该是赠给我的实验室，而不能说赠送给我个人。按文件现在的写法，那在我去世后，它就成了我们家的私人财产，成了我女儿们的私有物了，这是绝对不行的。这一克镭应该永远属于科学，无论我生前死后都只能如此。”

卡卡的作文素材

居里夫人大公无私，拒绝以个人名义拥有镭。

这时已经很晚了，到哪去找律师，又怎么改呢？麦隆内夫人十分为难地说：“既然你执意这样，我们可以在赠镭典礼结束后再办正式手续。”

“不行，马上就改，这个赠与证要马上生效。仪式可以推迟举行。”居里夫人固执地说。

麦隆内夫人有些为难，但还是回答说：“既然你希望这样，我们可以在下星期办手续。”

“不要等到下星期，也不要等到明天，就在今晚办妥。因为也许我会在几个小时内死去。”

天已经很晚了，麦隆内夫人费了很大劲儿才找来了一个律师。赠送文书按照居里夫人的愿望做了修改，她马上签了字。

5月20日，举行了盛大的赠镭仪式，许多杰出人士云集白宫。

美国第29任总统哈定将一克镭，确切地说，是这克镭的象征物赠给了居里夫人。因为镭太贵重，也太危险了，不便于出现在这样隆重的集会上。此时它正呆在工厂里，藏在一个镶铅的锦匣中。在白宫桌子上摆着的，只是它的象征物。

首先，法国大使犹赛朗德简单地讲了几句表示感谢的话，接着是麦隆内夫人代表美国妇女界致辞。再接下去，哈定总统开始讲话了。

他说："您曾为人类完成了一项重大的发现，今天，我受托赠送给您这一克镭。我们能认识并拥有镭，应该归功于您。我们相信，您有了这些镭，一定可以用来增加人类的知识，减少人类的痛苦。"

他把一份系着三色绶带的赠送证书交给居里夫人，又把一枚开锦匣的极小的金钥匙挂在居里夫人的脖子上。最后，居里夫人向美国总统和美国妇女界致谢。

至此赠镭仪式完毕，来宾列队走过居里夫人身旁，向她致以敬意。居里夫人坐在一把椅子上微笑着，她的女儿们代她握手，并依照哈定夫人介绍的人们的国籍，用英语、法语、波兰语说着客气话。最后一项是全体摄影留念。

居里夫人的美国之行激起了美国人的极大热情。在赠镭仪式结束后，还有许多活动等待着居里夫人出席。

每天她都要参加各种仪式，接受鲜花、发表演讲、接受赞美词。为了表达谢意，五十四岁的居里夫人总是竭尽全力坚持着。

终于有一天，她疲惫虚弱到了极点，不能继续旅行了，她不得不放弃到西部各城市去的计划。

看到居里夫人的身体状况，麦隆内夫人只好取消邀请她们游历全美的计划，只到几个最有名的地方去一下。

小记者卡卡的访问感言

无论什么情况下，居里夫人都不放弃大公无私的崇高美德。

卡卡的小问题

1. 居里夫人是如何应对各种应酬的？

2. 居里夫人是如何对待美国人民为她捐赠的这克镭的？

【名人名言】

人类看不见的世界，并不是空想的幻影，而是被科学的光辉照射的实际存在。尊贵的是科学的力量。

——居里夫人

在科学上重要的是研究出来的“东西”，不是研究者“个人”。

——居里夫人

不要以感伤的眼光去看过去，因为过去再也不会回来了，最聪明的办法，就是好好对付你的现在——现在正握在你的手里，你要以堂堂正正的大丈夫气概去迎接如梦如幻的未来。

——郎费罗

使一个人的有限的生命，更加有效，也即等于延长了人的生命。

——鲁迅

生命，只要你充分利用，它便是长久的。

——塞内加

为了生活中努力发挥自己的作用，热爱人生吧。

——罗丹

希望是附隶于存在的，有存在，便有希望，有希望，便是光明。

——鲁迅

常思奋不顾身，而殉国家之急。

——司马迁

小记者卡卡有话说

同学们，你们知道居里夫人从美国回来后又积极地做了哪些有意义的事吗？快随我一同去看看吧！

第十章　步入辉煌

第一节　创立居里基金会

6 月 17 日，居里夫人不得不第二次中止旅行。她的血压极低，医生们很不安。她休息了几天，恢复了一点气力。

6 月 28 日，居里夫人在美国的全部活动结束了，她和两个女儿登上了“奥林匹克号”，返回法国。

这次美国之行，是居里夫人第一次有时间认真地考察其他国家的科学状况。后来，居里夫人记述了她对美国科研机构的观察：

我最惋惜的是，我没有足够的时间去参观各个实验室和科学研究所。但是，在有限的几次短暂的参观中，我的收获仍然不少。

我发现美国人对于科学事业的发展十分尽力，所有设备都很完善。不仅是许多正在兴建的实验室，就是那些老旧的实验室里也都配备了新式的仪器。实验室空间宽阔，不像法国的那样让人感到狭窄和局促。实验室经费大多来自于私人捐赠，此外还有许多不同的基金会提供。一些全国性的研究院，也是由私人捐款建立的，从而既可以发展科学研究，也和工业生产保持合作。

同时，作为一位女性科学家，居里夫人对美国大学的女子教育也有特别的关注，她回忆道：

美国的女子学院和大学，能鲜明地表现美国的生活和文化。因为参观的时间很短，我难以了解他们是如何讲授知识的。

但即便如此，我仍然发现，美国人对女子教育的观念，和法国人相比至少有两个不同之处：一是重视体育锻炼，对学生的身体健康十分注重；二是尊重学生的个性与主见，支持学生自由独立结社的活动，认为这样可以促进学生个性和主见的发展……

通过美国之行，居里夫人对外国的科学研究和教育事业的发展有了切身的体会。从此，居里夫人开始关注整个世界的科学发展状况，从而在晚年时期把精力投入到了更广泛的科学事业中去。

卡卡的作文素材

居里夫人淡泊名利的作风也得到了大科学家爱因斯坦的赞赏。

居里夫人从美国回来后，在法国成了最受敬仰的科学家，她在全世界的名声也越来越大。但是，居里夫人没有因此而骄傲，她依然把每天的主要时间用在实验室里。

对此，爱因斯坦评论道："在所有的著名人物中，居里夫人是唯一不被荣誉所腐蚀的人。"

1920年，在欧洲大财阀亨利·德·洛特柴尔德子爵倡议下，居里基金会创立了。

1922年，巴黎医学科学院的三十五名院士主动请求选举居里夫人为"自由合作"院士，借此表达对她发现镭和在发展放射疗法上所做工作的敬意。

1922年2月7日，居里夫人"不用参加竞选"就被选为巴黎医学科学院的"自由合作"院士。科学院院长肖发尔向居里夫人致词：

我们向您致敬，您是一位伟大的学者，一位竭诚献身科学工作的伟大女性。无论在战争中还是在和平中，您对祖国所做的一切，都远远超出了您的责任范围。我们感谢您，科学院院士中有您的名字，我们将感到无比自豪！您是第一位进入科学院的法国妇女，但除您之外，还有哪位妇女能当之无愧？

5月，位于瑞士日内瓦的国联理事会决定邀请居里夫人担任国际文化合作委员会委员，后来她又当选为该委员会主席。

1923年，居里基金会决定隆重庆祝发现镭二十五周年，法国政府也参与了这次庆祝活动，议会两院一致通过一项法案：给居里夫人四万法郎年薪作为国家酬劳，并规定居里夫人的女儿们享有继承权。

法国政府为此在索尔本大礼堂举行了盛大的典礼，约瑟夫、海拉和布罗妮雅也被专程从华沙请到巴黎。

在典礼上，法国总统亲自把国家年金奖证书授予五十六岁的居里夫人，作为全国一致对她表示尊敬和热爱的证明。

教育部长还特意说明："这是经过法国全体议员签名的决议案，在通过这项决议案时，政府和议员特别声明，居里夫人的谦虚和无私在法律上是'无效'的……"

居里夫人向所有人表示了感谢，并且谈到了去世的皮埃尔·居里，表达了对皮埃尔的怀念和感谢。

由于有了在美国考察的经历，居里夫人对全世界的科学工作有了新的看法。她发现自己那种一味离群索居的工作方式是不合时宜的。学生时代，自己可以关在顶楼上读书；作为研究者，自己可以脱离时代，完全专注于自己的工作。但是，年近六旬的居里夫人已经不是一个单纯的学生或者研究者了，她已经成为一门新兴科学的象征，一个时代的权威。

在担任国际文化合作委员会的职务后，居里夫人意识到，自己的工作不应仅仅局限在实验室里，更应该为全世界的科学工作者服务。之后，居里夫人开始为推动全世界科学工作的发展而努力。

她反对"全世界科学工作的无政府状态"，在她的努力下，科学界终于同意进行一系列改革：统一科学符号和术语；统一科学出版物的开本；统一各杂志发表的著作摘要；拟定各种常数表。同时，为了使全世界各国科学工作者便于搜集已有的研究资料，他们开始科学地整理各种书目。这些工作对科学的进步起了相当大的作用。

居里夫人还预见到，以前那种作坊式科学研究方式的时代即将结束，科学研究将要走进现代化时代。科学研究需要宽敞的实验室，需要庞大的科学研究工作者队伍，需要高精尖的设备和仪器。因此，居里夫人提出科学家必须用新的方式进行科学研究。其实，她当时的设想实际上就相当于现在的“研究合同”。

通过几十年的人生经历，居里夫人意识到，在贫穷的社会阶层中肯定有不少人的天赋被埋没了，应该设法让一些处境困难而又很有天赋的科学家走出生活和研究的困境。为此，她花费了很大精力致力于国际科学助学金的组织工作，以期能建立国际科学助学金。

她在一篇报告中写道：

> 社会的兴趣何在？难道它不应该赞助科学事业的发展？难道委员会的宗旨不是首先帮助发展科学才智吗？我认为：科学事业所需要的才能是一种异常珍贵又极为脆弱的财宝，若丧失这种财宝，就是罪过，而且是荒谬的。我们应该精心保护这种才能，以便给它提供一切成长的机会……

小记者卡卡的访问感言

居里夫人利用自己的“地位”，积极地为人类做着更有意义的事。

卡卡的小问题

1. 美国之行回来后的居里夫人都有哪些体会？

2. 回国后的居里夫人又做了哪些工作？

第二节 接受美国馈赠的第二克镭

随着年龄的增长，为祖国波兰多作些贡献的想法在居里夫人的心中也越来越强烈了。

居里夫人认为，最好的办法就是在华沙创设一所镭学研究院，作为科学研究和癌症治疗中心。她利用几次回国的机会，做了许多努力来推动这一目标的实现。

1925 年，镭学研究院终于在华沙开工，居里夫人亲自出席了奠基仪式。几年后，研究院即将落成时，居里夫人又为没有钱购买研究院必需的镭而发愁。

为了修建这所研究院，她已经用完了所有的积蓄。这时，居里夫人想起了远在美国的好朋友麦隆内夫人，决定再次向她求援。

麦隆内夫人收到居里夫人的求助后，义无反顾地再次投身到募捐活动中，又一次募集了购买一克镭所需的款项——这是美国赠给居里夫人的第二克镭。

1929 年 10 月，居里夫人第二次来到美国，以祖国波兰的名义向美国致谢。由于和麦隆内夫人事先有“君子协定”——在美国期间，居里夫人除了参观实验室，参加科学会议外，不接受采访，不参加社会团体的活动。因此，居里夫人的第二次美国之行，更像是“微服私访”。

在美国期间，美国人像上次一样，又授予了居里夫人许多名誉头衔，总统胡佛还邀请她在白宫住了几天。

居里夫人在美国度过了她的六十二岁生日，她收到上百件生日礼物，甚至美国极地探险家比尔德也从南极发来电报，向她表示深深的敬意。

1932年5月29日，华沙镭学研究院的揭幕典礼终于举行了，波兰化学家、时任波兰总统的摩斯齐茨基出席了典礼。

看着装饰一新的研究院，居里夫人无比激动，青年时代立下的用知识为祖国服务的愿望终于实现了。

然而，这次揭幕典礼也是居里夫人最后一次回到华沙，最后一次看到她出生的城市和街道。在离开的那天清晨，她独自一人来到维斯杜拉河边散步。

在给女儿艾芙的信中，她热情地描绘了这条河的风光，信中写道：

> 昨天早晨我独自在维斯杜拉河边散步……河水缓慢地在宽阔的河床里蜿蜒流淌，近处是青绿色，远处因映衬着蓝天而呈现出蓝色。露出水面的沙洲在阳光下闪烁，沙洲边上有几条耀眼的光，显示出比较深的水流的界限。克拉科夫（波兰第二大城市）有这样一首赞美维斯杜拉河的歌，歌中唱道：“这条波兰的河流有极大的魅力，谁要是爱上了你，死也不会忘记。”我觉得这话十分贴切。至少对我来说是如此。

小记者卡卡的访问感言

名利如果不是用来自己享用，就可以创造出巨大的社会财富。

卡卡的小问题

1. 居里夫人为什么再次来到美国？

2. 居里夫人的第二次美国之行与第一次有哪些不同？

第三节　帮助年轻学者

从第一次世界大战结束后的经历看，各种社会活动占据了居里夫人大量的时间，她已经无法像年轻时代那样把所有时间投入到科学研究中去了。但是，她发表的论文数量仍然让人吃惊。

从 1920 年到 1934 年 7 月的十四年中，她仍然发表了二十七篇论文，占她毕生论文总数的 39.1%。而她的五部专著，有四部是在 1920 年以后写就的，其中不包括两本传记。

在 1920 年以后，由于镭的原子量已经确定，居里夫人的研究方向主要是放射性元素的衰变规律，这方面的论文有近十篇之多；原子结构方面，她不仅发表了十多篇论文，而且还在她去世前一年写了一本有关这方面的专著《放射性物体 o、p、r 三种射线和原子结构的关系》。

同时，居里夫人还热情地帮助提携年轻学者，坚持主持研究所的指导工作。她出身贫寒的家境，对一些交不起学费的优秀学生有一种无与伦比的感情。她的一生常有一个念头萦绕脑际：有多少天才埋没于命运不佳的阶层中，在那些贫寒的工人农民家庭中，也许就藏有作家、学者、音乐家和天才……

她要尽最大的努力，借助于国际文化合作委员会，发展国家科学助学金，以帮助和支持这些出身贫穷的学生。

每天早晨，总有一些青年男女，穿着实验室的白色工作服，在镭学研究院的前厅里等候着居里夫人。

卡卡的作文素材

居里夫人对青年人给予了耐心的帮助。

铁门一响，居里夫人准时出现，学生们就会围上去，告诉她某项实验的结果，或者实验过程中出现的问题，大家都想听听她的意见。

居里夫人不厌其烦地与他们一个一个地交谈工作。如果一位研究者的实验遇到了问题，她会提议他换一种方法；她会告诉另一位研究者，某项工作他们的计算结果不同，需要找一下原因……

她与每个人说话时，都全神贯注于这个人所研究的问题上，甚至连其中很小的细节她都了解得很清楚。她说话时逻辑清楚、观点犀利，谈完一个人的工作，就接着和另一个人谈另外一项工作。

几十年的科学工作，使她积累了极其丰富的知识。她精通五国文字，与镭学研究院进行的实验有关的书籍她都读过，可以称得上是镭的“活图书馆”。

她在各种现象中发现新进展，发明新技术。对一些学生提出的模糊不清的理论或是武断的假定，她都能以无可辩驳的理由加以纠正。

在这位勇敢而又谨慎的导师的指导下工作，学生们都觉得很踏实，信心十足。正如让·佩韩夫人所说：“居里夫人不仅仅是一个伟大的物理学家，还是我所知道的最杰出的实验室领导人。”

居里夫人千方百计地为有才华的学生去申请助学金。为了保护未来的科学家，她不惜牺牲时间和精力，一直找到最高机关。用她个人名义争取来的资金，培养大批有名望有贡献的学者。

在她的引导下，从 1919 年到 1934 年的十五年间，镭学研究院的化学家和物理学家共发表四百八十二篇科学报告。她的大女儿和女婿约里奥·居里夫妇在她的直接指导下，很快成为新一代的优秀科学家。

约里奥·居里夫妇很长一段时间的研究方向，就是利用放射性研究原子的结构。他们因为发现人工放射性元素，于 1935 年获得了诺贝尔化学奖。不过令人遗憾的是，居里夫人虽然预料到他们将会获奖，但没有能够亲眼看到自己的女儿获得这一殊荣。

小记者卡卡的访问感言

居里夫人的晚年仍然发挥着巨大的作用，她为人类培养出众多优秀的科学家，这也是值得我们尊敬的。

卡卡的小问题

1. 从1920年到1934年，居里夫人共发表了多少篇论文？
2. 居里夫人在帮助年轻学者方面都做了哪些工作？

小记者卡卡有话说

同学们，你们知道居里夫人在去世前又经历了哪些痛苦吗？让我们一起聆听伟大灵魂奏响的最后乐章吧！

第十一章 使命终结

第一节 辐射的危害

终于，辐射造成的危害开始在居里夫人身上显现出来。她经常全身疲劳，肩膀、耳朵不断疼痛，并且出现耳鸣的症状。但居里夫人只是把这一切归结为因为年老而产生的自然现象，从来不承认和镭的辐射有关。

▲辐射的危害

正如有人说的那样：“直到她生命结束时，居里夫人一直对镭持这种态度：好比一位母亲，当别人告诉她，令她自豪的宝贝儿子杀了人，尽管铁证如山，她却一概不信。”这种情况，也许只能解释为居里夫人对镭的偏爱吧。

虽然辐射对居里夫人的身体造成了一定的影响，可是，她并没有停止过工作。比如：编写《论放射性》一书、建设工厂等。

她凭借着自己强大的意志力和疾病对抗，为自己争取更多的工作时间。她每天都比往常更早地到实验室去，工作到最晚才回家。但是，人的意志力毕竟不是万能的，不可能战无不胜。

1933 年 12 月，居里夫人突然感到侧腹部疼痛，经 X 光诊断，发现她胆囊里有一块结石。

卡卡的作文素材

玛丽凭借自己的意志力和疾病对抗。

由于父亲斯可罗多夫斯卡就是因为患胆囊结石开刀而死的，所以居里夫人害怕走父亲的老路，因此决定不开刀，想靠调养来减轻病情。

为了证实自己的身体还好，她还到凡尔赛去溜冰，并和女儿伊伦娜一起到法国东南部的萨扶阿滑雪。居里夫人仍然认为，运动、新鲜空气和美丽的大自然是对抗疾病的灵丹妙药。她总是努力说服自己，并且让别人也相信她是健康的。

但是不久，高烧、头晕、恶心，种种症状不断出现。在女儿们的坚持下，居里夫人终于同意找医生检查。

医生一见到居里夫人的样子，就立即强调："你必须马上卧床休息！"

居里夫人只好接受了医生的建议。但是，身为科学研究者的本性使居里夫人难以完全离开实验室。在休养期间，只要身体能够支撑，她就到镭学研究院去。

卡卡的作文素材

居里夫人在身体状况极度恶劣的情况下，仍然顽强工作。

1934 年 5 月的一个下午，三点半左右，居里夫人感到一阵恶心，她知道自己又发起了高烧。

她预感到自己可能会有一段时间来不了实验室了，因此沉着地整理好桌子上的东西，恋恋不舍地抚摸着桌上的仪器。

突然她心跳加快，浑身颤抖，额头冒汗。最后，她用非常微弱的声音对旁边的助手们说："我有点发烧，先回去了。"

她走出实验室，在外面花园转了一下，看到一棵蔷薇花枯萎了，还嘱咐花工："必须要给那棵蔷薇浇水，别忘了！"

天渐渐黑下来，阵阵微风带来新鲜小草的清香和盛开的玫瑰花那浓郁的芬芳。扶着居里夫人的助手见她越来越没有精神，全身滚烫，步伐已不听使唤，便劝她回家歇息。

她同意了，在上汽车之前，她向那株孱弱的植物投去不安的一瞥，然后凝视着这座与她命运攸关的研究院，"居里楼"几个大字在夕阳余晖的映照下放出夺目的光辉。

谁也没想到，这就是她留给研究院的最后一句话。此后，居里夫人就永远地告别了实验室。

这次住院后，居里夫人很担心她胆囊中的结石，医生安慰她说不需要动手术，居里夫人才放下了心。

小记者卡卡的访问感言

居里夫人不向病魔屈服的顽强毅力让人钦佩。

卡卡的小问题

1. 镭的辐射对居里夫人的身体造成了怎样的伤害？

2. 居里夫人是如何对待病痛的？

第二节 爆发性恶性贫血

居里夫人的病情突然加重。医院为她做全面检查，经两次 X 光照相和专家们的多次会诊，仍困惑不解。

居里夫人似乎没有一个器官有病，看不出明显的症状，只有肺的 X 光照片上有她旧有的病灶和一点发炎的阴影。

大夫们给她用湿包疗法医治，仍不见好转，居里夫人疼痛依旧，高烧不退。内科专家面面相觑，无可奈何。最后决定，让居里夫人变换一下环境，目的是让她离实验室远一点儿。

居里夫人同意这一决定，她相信大自然有力量调养好她的疾病。居里夫人就要被送往山区。

> **卡卡的作文素材**
>
> 病危中的居里夫人，依然在关心自己的实验研究。

她私下把她的钢族合作者科泰罗夫人请到卧室来，再三叮嘱说：“在我回来之前，你一定要把钢小心封藏起来。疗养假期过完，我们就重新做这个研究，请你把准备工作做好，等着我。”

科泰罗夫人紧紧握着居里夫人的手，泪水盈眶地说：“夫人，我一定照你的话去做，等着你回来，你好好疗养。”

居里夫人一行即刻动身，严重的眩晕和疼痛使她痛苦不堪，几次昏晕过去。医生护士急忙对她施行冷、热敷，防止在火车上发生重大事故。

终于到了桑塞罗谋疗养院，等在那里的医生急忙安顿居里夫人进行抢救，经检查和照相，病情十分危急。居里夫人持续高烧 40℃，嘴唇干裂，脉搏微弱，血液中的红白血球数目急剧减少，而肺部则无病兆。原以为换个清新的环境治好居里夫人的病的希望破灭了。

这是一种极恶劣而很少见的血液系统疾病，这种疾病严重妨碍人体吸收制造血细胞所需要的物质。即使在患者的食物中加进这些物质，也会有一种“东西”阻碍这些物质被吸收。到底是什么“东西”在居里夫人体内作怪呢？对此，谁也无法断定。

当时医学上对这种恶性贫血也没有什么治疗办法。用最好的药物治疗为时已晚，居里夫人自己十分明白。她又得经受一场人们称之为“缓慢的死”的折磨人的残酷战斗。

小记者卡卡的访问感言

可怜的居里夫人与病魔进行着殊死的搏斗，这真让人难受。

卡卡的小问题

1. 病痛中的居里夫人最放不下的是什么？

2. 居里夫人所患疾病都有哪些症状？

第三节　心脏停止跳动

7月3日早晨，居里夫人用颤抖的手拿起温度计——体温突然下降了！艾芙连忙安慰妈妈说："这是疾病即将痊愈的预兆，您一定快复元了……"但艾芙心里明白，体温突然下降是人临终前的现象，妈妈已经很难度过这个夜晚了。

过了一会儿，居里夫人看了一眼茶杯，突然说："这是用镭做的，还是用钍做的？"接着，居里夫人发出一些痛苦的呻吟和叹息。

卡卡的作文素材

神情恍惚中的居里夫人，依然惦记着镭。

艾芙急忙请来医生，医生想马上进行抢救，居里夫人突然用微弱但是清晰的声音说了她一生中的最后一句话："不用了……我希望你们别打搅我……"

1934年7月4日清晨，当阳光穿过玻璃进入房间时，居里夫人的心脏停止了跳动。

窗外渐渐透进一丝丝晨光，照着躺在印有红十字的白被子里那张瘦削而苍白的脸和失去知觉的僵硬的躯体。在黎明前的黑暗中，这位闻名世界的卓著女物理学家，带着太多的遗憾走了……

医生在死亡报告上写道："居里夫人于1934年7月4日在桑塞罗谋去世。她的病症是一种发展很快的再生障碍性恶性贫血，骨髓没有反应，很可能是由于长期受到辐射而引起的病变。"尸体解剖证明：导致她死亡的真正杀手是镭。

居里夫人去世的消息很快就传遍了全世界，在很多地方引起了人们极大的悲痛。在镭学研究院里，她的学生们面对着那些研究仪器哭泣。

一颗科学巨星陨落，这一消息由疗养院传出去，很快传遍了全世界，震撼着所有知道居里夫人名字的人们的心。

布罗妮雅、海拉、约瑟夫、雅克、麦隆内夫人，还有一些忠诚的朋友，一些关心、尊崇、追随她的学者、学生，他们在各自的地方大放悲声，并急忙朝巴黎赶来……

镭研究院更是悲天恸地，青年学者们嚎啕大哭；乔治·福尼埃等学生悲痛欲绝，痛苦地喊着："我们失去了一切。"索尔本大学、赛福尔女子高等学校都笼罩在极度悲哀之中。学生自动停止了上课，停止了工作。

寝室里、课堂上、操场里、走廊上到处是三五成群的人们，他们抱成一团，哀伤地哭泣。他们自发地戴上了白花，自发地默哀。不少学生、青年学者、科学家潮水般地朝疗养院涌来。

雪片般的唁电、悼念文章，从地球的各个角落飞向巴黎。有国家元首、各国科学界同行、镭制造业实业家，还有用镭疗法获得新生的患者。

▲这是居里夫人使用过的各种仪器，现摆放在波兰华沙古城内的居里夫人故居中

居里夫人躲过了这些悲哀，她静静地躺在桑塞罗谋那张床上，身着素妆，一头白发整齐地梳向脑后，露出宽大而智慧的前额，那平和的面容显

出她的高贵和庄严；那双粗糙而结了老茧的手囊括了她的贡献和成就。那是一双多么灵活而充满智慧的手；一双勤劳而饱经风霜的手。就是这双手，创造出了令世人震惊的成就。

就这样，居里夫人走完了她一生的道路。这一生中，居里夫人全身心投入到对科学真理的探索当中，从来没有追求过生活上的富有、荣华。

对于她和丈夫皮埃尔·居里不追求个人名利，一生从事苦行僧式艰苦科学研究的生活方式，很多人也提出过不同的意见，他们认为，如果当初居里夫妇在专利证书上签一个字，不就可以有足够的金钱建设许多实验室和医院了吗?

对于这个问题，居里夫人在她的文章中曾有过答复，她认为：

> ……我的许多朋友坚持说，如果我们保留了我们的专利权，就可以得到必需的资金，来建立一个设备完善的镭研究所，而以前曾经阻碍我们两个人、现在仍在阻碍我的种种困难，都可以避免。他们所说的这些意见并非没有道理，只是我仍然坚信我们采取的态度是正确的。
>
> 人类需要善于实践的人，这种人能由他们的工作取得最大的利益；他们虽然不忘记大众的福利，但也仍能保障自己的利益。但是，

卡卡的作文素材

居里夫人的人格是高尚的。

人类也需要有梦想的人，这种人醉心于一种事业，追求大公无私的目的，而将自身的物质利益完全放在一边。显然，这些理想主义者和梦想者没有享受财富的幸福，因为他们并不追求它。

虽然如此，我们感觉一个组织得好的社会，应该设法对这些人所需的设备、经费给予充分重视，让他们的生活能不因受物质问题的困扰而陷入困窘，使他们能自由而专心地从事科学研究。

正如居里夫人所说的那样，她就是一位科学道路上的“梦想者”。

1934 年 7 月 6 日下午，居里夫人被葬在梭镇的皮埃尔·居里的墓地里。仪式也和居里先生下葬时一样简单：没有演说，没有仪仗，没有一个政治家或官员在场，只有爱她的亲朋好友和合作者。如果采用政府给大人物们那样喧嚣隆重的葬仪，是违背她的人生哲学的，也是对她高洁的灵魂的亵渎。

居里夫人静静地到了她该去的地方——梭镇的居里墓地。人们按照她的遗愿，把她的棺木放在皮埃尔·居里的棺木上面，布罗妮雅和约瑟夫·斯可罗多夫斯卡向墓地洒下一把从波兰带来的泥土。因为她是波兰的女儿，简朴的墓碑上刻有一行铭文：

玛丽·斯可罗多夫斯卡·居里　1867 年—1934 年

在一片寂静声中，亲人和朋友向墓地投放了玛丽生前最喜欢的山茶花。

居里夫人永远与心爱的丈夫在一起了。她的生命停止了，但她创建的丰功伟绩永远不会磨灭，永远激励着后来人。

小记者卡卡的访问感言

伟大的居里夫人离开了人间，但她的伟大精神将永远留在我们心间！

卡卡的小问题

1. 居里夫人逝世前的最后一句话是什么？

2. 都有谁参加了居里夫人的葬礼？

【名人名言】

荣誉就像玩具，只能玩玩而已，绝不能永远守着它，否则就将一事无成。

——居里夫人

我把你们的奖金当做荣誉的借款，它帮助我获得了初步的荣誉。借款理应归还，请把它再发给另一些贫寒而又立志争取更大荣誉的波兰青年。

——居里夫人

生命，那是自然会给人类去雕琢的宝石。

——诺贝尔

生命是一条艰险的峡谷，只有勇敢的人才能通过。

——米歇潘

一个伟大的灵魂，会强化思想和生命。

——爱默生

世界上只有一种英雄主义，那就是了解生命而且热爱生命的人。

——罗曼·罗兰

我们只有献出生命，才能得到生命。

——泰戈尔

如能善于利用，生命乃悠长。

——塞涅卡

生命在闪耀中现出绚烂，在平凡中现出真实。

——伯克

应该笑着面对生活，不管一切如何。

——伏契克

谁能以深刻的内容充实每个瞬间，谁就是在无限地延长自己的生命。

——库尔茨

生命不可能有两次，但许多人连一次也不善于度过。

——吕凯特

生命如流水，只有在他的急流与奔向前去的时候，才美丽，才有意义。

——张闻天

尊重生命、尊重他人也尊重自己的生命，是生命进程中的伴随物，也是心理健康的一个条件。

——弗洛姆

名人年谱

★ 0 岁 1867 年 11 月 7 日出生于波兰华沙。

★ 6 岁 1873 年进入私立女子寄宿学校上小学。

★ 11 岁 1878 年 5 月 9 日母亲去世。

★ 16 岁 1883 年 6 月 12 日公立中学毕业，获金质奖章。

★ 17 岁 1884 年担任私人教师。

★ 24 岁 1891 年 10 月到巴黎求学。

★ 26 岁 1893 年以第一名的成绩获得物理学学士学位。

★ 27 岁 1894 年获“亚历山大奖学金”600 卢布贷款；同年，结识皮埃尔·居里，获数学学士学位。

★ 28 岁 1895 年 7 月 26 日与皮埃尔·居里结婚。

★ 30 岁 1897 年 9 月 12 日大女儿伊伦娜出世。

★ 31 岁 1898 年 7 月宣布发现一种新的放射性元素“钋”；同年，发现另一种更强的放射性元素“镭”。

★ 35 岁 1902 年 4 月提炼出 0.1 克的镭；同年，父亲去世。

★ 36 岁 1903 年 12 月 10 日因为对放射性的研究工作，与皮埃尔和贝克勒尔分获诺贝尔物理学奖。

★ 38 岁 1905 年第二个女儿艾芙出生。

★ 39 岁 1906 年皮埃尔·居里死于交通事故。

★ 44 岁 1911 年因为发现钋和镭而荣获诺贝尔化学奖。

★ 47 岁—51 岁 1914—1918 年组成移动式放射疗法医疗队，奔赴前线。

★ 49 岁 1916 年通过驾驶执照考试。开始与女儿伊伦娜合作。

★ 51 岁 1918 年在巴黎开办镭学研究院。

★ 54 岁 1921 年与两个女儿一起到美国。

★ 65 岁 1932 年参加华沙镭学研究院落成典礼。

★ 66 岁 1933 年约里奥·居里夫妇发现“生成放射性”。

★ 67 岁 1934 年死于由于过量接触放射线而导致的血癌，享年 67 岁。

★去世一周年 1935 年女儿伊伦娜·约里奥·居里荣获诺贝尔化学奖。